Geschichten und Gedichte

aus der Reihe
„Perlen unserer Erinnerung"

Gesammelte Perlen 2024

Carmen Sabernak (Hrsg.)

Bibliografische Information der Deutschen Nationalbibliothek:

Die Deutsche Nationalbibliothek verzeichnet diese Publikation in der Deutschen Nationalbibliografie; detaillierte bibliografische Daten sind im Internet über dnb.d.nb.de abrufbar.

Impressum

2025© Carmen Sabernak, alle Rechte vorbehalten

Verlag: BoD · Books on Demand GmbH, Überseering 33, 22297 Hamburg, bod@bod.de

Druck: Libri Plureos GmbH, Friedensallee 273, 22763 Hamburg

Satz und Layout:

Nicole Mewes

Bildnachweise:

© by-studio © sonne fleckl - Fotolia.com

© Nicole Mewes - Privatarchiv

ISBN: 978-3-8192-6261-6

Inhalt

 Vorwort

Carmen Sabernak hatte die Idee, die Erinnerungen unterschiedlicher Menschen zu sammeln.

Erinnerungen, die wertvoll wie Perlen sind. Sie fragte in der Teltower AWO-Gruppe nach und es fanden sich schnell MitstreiterInnen.

Einmal im Monat trafen sie sich, tauschten Erinnerungen aus, lasen aus ihren Geschichten und verbrachten schöne gemeinsame Stunden. So wurde recht schnell der Entschluss gefasst, diese „Perlen unserer Erinnerungen" in kleinen Büchern aufzubewahren.

Die Geschichten sind so unterschiedlich, wie die Menschen, die sie erlebt haben. Einzelne Geschichten wurden zum Teil schon vor einigen Jahren verfasst. Deshalb finden sich teilweise auch noch Texte in der alten Rechtschreibung. Diese wurden absichtlich nicht angepasst, denn es sind Perlen aus der betreffenden Zeit.

Wir wünschen Ihnen ebenso viel Vergnügen beim Lesen, wie wir Freude hatten, das Buch zu gestalten.

Herzliche Grüße
das AutorInnenteam und die "Geschichtensammlerin" Carmen Sabernak

Wo bleibt die Zeit-

was ich dich schon immer
mal fragen wollte
fragt die Zeit

bist die von damals
die Kleine
die an der Ecke
die dort unten an der Kreuzung
wohnte

was ich dir heute erst
besonders sagen will
sagt die Zeit

ich kenne dich
     du Große
         du bist weggezogen
              du mit deinen Eltern
                   bist geflohen
                        in den Westen

ich bin Rosita, die Kleine
von damals

sagt die Zeit
ich bin Rosita, die Große
von heute

bin hier geblieben
mit meinen Eltern
mit meinen Geschwistern
......hab gewartet
........im Osten

die Kleine   die Große
die Junge   die Alte

ich bin dieselbe von damals
ich bin dieselbe von heute

lachend liegen sich beide im Arm
die vom Osten, die vom Westen

wo ist die Zeit geblieben

Hanne Pluns

Zum neuen Jahr

Da bist du also – neues Jahr!
So jung und schön und wunderbar.
Verheißungsvoll und chancenreich,
ohne Vergangenheit, ohne Vergleich.
Bringst Zukunft mit und lässt uns hoffen,
gibst Wege frei, lässt Türen offen.
Lass uns das Beste nun erwarten,
misch' neu auch unsre Lebenskarten.
Wir bitten dich: enttäusch' uns nicht!
Lass wachsen unsre Zuversicht.
Form für uns eine bessere Zeit!
Für Zukunft in Frieden sind wir bereit!

Hannelore Wolf, Januar 2024

Gedanken zum Jahreswechsel 2023/24

Schon wieder ist Silvester, heute ist der 31.12. 2023.

Wie jedes Jahr zur selben Zeit, wenige Tage vor dem Jahreswechsel spüre ich eine leichte Abschieds-Melancholie in mir und beginne darüber nachzudenken, was mir und meiner Familie das in wenigen Stunden zu Ende gehende Jahr gebracht hat. Mich bewegen viele Fragen: Was haben wir erlebt und erreicht, welche Herausforderungen gemeistert und welche Gedanken, Pläne oder Wünsche sind es wert, mit ins neue Jahr genommen zu werden?

Gern hätte ich mich hierzu auch mit meinem Mann ausgetauscht, doch er sitzt seit einiger Zeit an einer längst überfälligen Steuererklärung, die ihn nervt und die er vielleicht doch noch im alten Jahr fertigstellen möchte. Jedenfalls gestern Abend hatte er auf meine Frage, was das Jahr 2023 für ihn bedeutete, nur kurz gemurmelt: „Frag mich das morgen, heute hab' ich den Kopf so voll." Damit war das Gespräch beendet. Ich hing diesem Gedanken noch länger nach und überlegte, dass doch gerade er so ein schwieriges Jahr hatte. Er ist wie er ist, ein nach Harmonie strebender, optimistischer

Mensch, der auch gern belastende Ereignisse als „erledigt" abhakt, weil diese bisher sein und unser Leben nicht grundsätzlich aus der Bahn geworfen haben. So bleibt sein Blick nach vorn frei und er der „starke" Mann an meiner Seite.

Was hatten wir uns vorgenommen für 2023?

Schon zu Beginn des Jahres 2023 hatten wir ein paar wichtige Termine in unserem Kalender zu stehen: Drei mehrtägige Radtouren, einmal im Mai auf der Insel Rügen, zum anderen im Juni den Elberadweg von Bad Schandau bis Wittenberg und von dort bis Teltow sowie im September die kleine Berlin-Rundfahrt. Zudem planten wir auch drei Reisen, eine von Karfreitag bis Ostermontag in den Spreewald und für Anfang Mai eine 1wöchige Reise an den Kummerower See sowie am Jahresende, zwischen den Jahren, nach Swinemünde mit einem Abstecher zu meinem Elternhaus.

Darüber hinaus stehen im Kalender auch unsere beiden „runden" Geburtstage, die wir unbedingt zelebrieren wollten – den Geburtstag meines Mannes im März und den von mir im September. Wir dachten, dass es klug wäre, eine große Feier für beide Geburtstage als „Sommerparty" im August auszurichten und dazu die zahlreichen Familienmitglieder und alle Freunde einzuladen. Wir planten das Event und luden schon Anfang des Jahres 2023 mehr als 40 Personen ein. Es sollte ein schönes, unvergessliches Fest werden. Wir waren voller

Vorfreude. Alle diese Termine waren fest und sicher.

Ich nahm mir auch vor, mehr Zeit zu haben, um kleine Geschichten zu schreiben. Ich wollte sogar an Schreibkursen der Volkshochschule teilnehmen, die bisher aufgrund mangelnder Beteiligung nicht zustande kamen. Und Sport wollte ich treiben, hier wollte ich gern, am liebsten mit meinem Mann, oder auch mit einer Freundin, an einem Kurs teilnehmen, damit wir uns gegenseitig motivieren, dorthin zu gehen. Manchmal dachte ich auch darüber nach, Haus und Hof aufzugeben und in eine Wohnung zu ziehen - aber dieser Gedanke und ein paar andere mehr sind noch erste Träume.

<u>Was haben wir davon umgesetzt?</u>
Unsere runden Geburtstage haben wir jeweils in kleiner Familienrunde gefeiert. Dafür hatten sich unsere Kinder schöne Überraschungen ausgedacht, mit denen sie uns große Freude bereitet haben. Dafür können wir nicht genug dankbar sein. Es ist wunderbar, solche großartigen Kinder zu haben!

Ganz entgegen unserer ursprünglichen Absicht hatten wir den Wunsch, mit unseren engsten Freunden, einem Ehepaar, den Geburtstag meines Mannes doch nachzufeiern. Den Termin dafür fanden wir noch im März. Unser Freund saß im Rollstuhl und war schon längere Zeit krank. Wir hatten uns sehr gefreut, dass er gekommen ist, und nahmen dies als

Indiz dafür, dass es ihm an diesem Tag wohl besser ginge. Wir hatten ein paar sehr schöne Stunden zusammen, witzelten, lachten – alle waren gut drauf. Wir fanden es nicht ungewöhnlich, dass er schon zum frühen Abend den Wunsch hatte, nach Hause zu wollen, um sich wieder auszuruhen. Wir sprachen von einem Wiedersehen. Der Gesundheitszustand unseres Freundes verschlechterte sich jedoch zusehends. Am Donnerstag vor Ostern, wir brachten unserer Freundin einen kleinen Ostergruß vorbei, teilte sie uns mit, dass es ihrem Mann nicht besser ginge und sie nun zusätzliche medizinische Hilfe in Anspruch nehmen wird. Wir waren darüber sehr froh, weil wir sahen, dass sie für die Pflege ihres Mannes alle ihre Kräfte aufbrauchte und wir schon in Sorge waren um ihre Gesundheit. Gleich nach unserer Osterreise wollten wir beide besuchen. Doch daraus wurde nichts. Bei unseren Freunden überschlugen sich die Ereignisse. Ostermontag informierte sie uns, dass es ihrem Mann sehr schlecht ginge, dass er selbst den Wunsch geäußert habe, „gehen" zu dürfen. Er sei in seinen Gedanken sehr klar und habe sich bereits von der Familie verabschiedet. Zwei Tage später starb er in ihrem Kreis.

Wir wussten um die Schwere seiner langen Krankheit, dennoch war uns nicht klar, dass der Tod unmittelbar bevorstand und grausam zugreifen würde. Darüber waren wir geschockt. Jetzt erst wurde uns die Bedeutung unseres letzten Zusammenseins bewusst. Wir können diesen Wert nicht hoch genug einschätzen und sind dankbar dafür, eine ursprüngliche Absicht einfach verworfen zu haben. Anfang Mai, mitten in unserem geplanten Urlaub am Kummerower See, sollte die Beisetzung stattfinden. Wir hätten es uns nicht verziehen, wenn wir an der Beisetzung und an der Seite unserer Freundin nicht dabei gewesen wären. Wir sagten unseren Urlaub kurzerhand ab, wollten ihn auf den Sommer verschieben, doch wir waren nicht entschlossen genug, dafür einen Termin festzulegen.

Die Vorbereitungen für die Sommerparty liefen auf Hochtouren, als mein Mann Ende Mai zu kränkeln begann, zunächst klagte er über Appetitlosigkeit, dann über Bauchschmerzen. „All das", so fand er, „sei kein Grund, einen Arzt aufzusuchen." Er war immer noch von der letzten Blutuntersuchung enttäuscht. Nach der seine Ärztin ihn anrief und auf eine akute Tumorerkrankung hindeutete. Sie bat ihn, nochmals zur Kontrolle ins Labor zu kommen, die dann wieder „normale" Werte zeigte. Wir hofften nur, dass die Ärztin auch den Patienten finden möge, dem die guten Werte meines Mannes überreicht wurden. Anfang Juni hielt mein Mann die Schmerzen nicht mehr aus, sodass wir zur Notaufnahme ins Krankenhaus fuhren. Es wurde ein Darmdurchbruch diagnostiziert, sodass er in der Nacht noch notoperiert werden musste. Eine Woche später wurden ihm 25 cm des Dickdarms entnommen. Sein Arzt meinte, dass er viel Glück hatte und nur knapp dem Tod entronnen sei.

Dieser Umstand veränderte alles. Wir sagten nicht nur unsere für August geplante Party, sondern auch die mit unseren Kindern für Ende Juni geplante Fahrradtour auf dem Elberadweg ab. Mein Mann war darüber sehr traurig und bat, wenigstens die Radtour auf Anfang September zu verschieben. Obwohl wir uns nicht sicher waren, dass er bis dahin wieder fit fürs Rad ist, haben unsere Kinder die Radtour mit allen Übernachtungen auf Anfang September schieben können.

In den nächsten Wochen hatte sich mein Mann erstaunlicherweise gut erholt. Im August unternahmen wir schon kleinere Radtouren. Alles verlief problemlos, sodass wir den Elberadweg, wie geplant, mit über 500 km und vier Übernachtungen, abgefahren sind. Hier nochmals einen großen Dank an unsere beiden Schwiegerkinder, die dies erst möglich machen, dass wir mit unseren beiden Kindern jährlich eine Radtour über mehrere Tage unternehmen können. Das Erlebte bleibt unvergessen und es ist immer eine Zeit der Nähe und Vertrautheit. Auch die beiden anderen Radtouren (im Mai auf Rügen und Mitte September in Berlin), die wir ohne unsere Kinder, aber gemeinsam mit der Fahrradgruppe aus Demmin, unternommen haben, waren sehr besonders. Hier treffen wir Menschen aus meiner Heimat, die immer etwas Zeit brauchen, um mit einem „warm" zu werden. Ich mag sie von ganzem Herzen! Ich lernte auch von ihnen, wie man Pusteblumen haltbar machen kann. Wunderbar!

<u>Welche Wünsche konnte ich für mich realisieren?</u>
Ich konnte mir einen Traum erfüllen, Geschichten zu schreiben, die ich in der Buchreihe „Perlen unserer Erinnerung" mit veröffentlichen darf. Dazu bin ich im Februar in die AWO-Gruppe „Perlen der Erinnerung" eingetreten. Mit meinen Geschichten kann ich zu einem größeren Familien-Verständnis beitragen. Eine großartige Chance! Ein Geschenk, für das ich unendlich dankbar bin.

Auch habe ich es geschafft, dass mein Mann und ich zweimal in der Woche zum Sport gehen, inzwischen kommt auch unsere Freundin mit. Viele weitere Bekannte treffen wir dort – wir sind bereits eine große „Gemeinschaft".

Im Sommer 2023 erfüllte sich ein Kindheitstraum von mir. Ich wurde Mitglied einer Senioren-Laienspielgruppe, die sich „Spielweisen" nennt. Wir sind sechs Seniorinnen und werden professionell angeleitet durch eine ausgebildete Kultur-Geragogin. Gemeinsam schreiben wir unsere Texte und strukturieren ein Theaterstück. Im Oktober hatten wir unsere erste Premiere mit vier weiteren Auftritten zum Stück „Ankunft ungewiss". Unser Stück kam bei den Zuschauern sehr gut an. Wir waren alle begeistert und sind gewillt weiterzumachen.

<u>Welche Wünsche blieben offen?</u>
Ich hatte sehr gehofft, dass mein im Bürgerhaushalt Teltow eingereichtes Projekt „Großeltern pflanzen Obstbäume für ihre Enkel" gefördert werden wird. Es wurden nur 10 Projekte gefördert, meins lag auf Platz 12. Ich möchte im neuen Jahr dieses Herzensprojekt von mir weiter voranbringen.

Auch die Reise nach Swinemünde mussten wir absagen, da Teilnehmende erkrankten und nicht mitreisen konnten. Wir wollten gern zwischen den Jahren mit lieben Menschen zusammen sein, mit denen wir Freude, Spaß und Spiel teilen sowie gute Gespräche führen können.

Alles in allem war das Jahr 2023 ein vollgepacktes, aktives, ereignisreiches und auch anstrengendes Jahr, das viel Freude, wunderschöne, bereichernde und nachdenkliche Momente, aber auch Trauriges, den Abschied von lieben Menschen, an die ich besonders gern denke, mit sich brachte.

Noch ist das alte Jahr nicht vergangen und das Neue steht schon an der Tür. Bewährtes möchte ich beibehalten und mitnehmen und gern dem ungewissen Neuen schon einen Vertrauensvorschuss geben. Ich möchte im Jahr 2024 nicht viel anders machen, ich möchte mithelfen, es zu gestalten. Ich möchte, dass meine vielen Vorhaben und Projekte Anerkennung finden und dass ich meine Träume weiter träumen kann, von denen sich einige erfüllen mögen. Daran wird hoffentlich auch eine nun erstellte, längst überfällige und nervige Steuererklärung nichts ändern.

Im Radio läuft leise Musik, die meine Sehnsucht nach Familie und Zusammenhalt verstärkt. Ich spüre Heimweh und bedaure es, dass ich nach Weihnachten nicht nach Mecklenburg-Vorpommern zu meinen Geschwistern gefahren bin, um auch nur für wenige Stunden in meinem Elternhaus zu sein.

Ganz besonders wünsche ich mir für das neue Jahr einen friedvollen Umgang miteinander, dass die zarte Pflanze „Frieden" stark wird und dass das Wort „Frieden" wieder in ALLER Munde ist.

Christiane Eisold, 31. Dezember 2023

Jahreswechsel

Silvesterfahrt ins Sachsenland –
nicht ins Gebirge, nicht an den Strand.
Die Stadt Meerane war das Ziel –
mit Ausflügen, wo man sehen kann viel.

Höhen und Täler – sehr schön anzuseh'n –
Burgen und Schlösser auf Bergeshöhn.
Manch Städtchen – erstanden in alter Pracht–
von Menschenhand zur Schönheit gemacht.

Der Reiseleiter stets informierte,
was vor Jahren so passierte.
Man erfährt auf jeder Reise
viel Interessantes auf diese Weise.

Das alte Jahr war schnell vorbei,
es geschah im Leben so Allerlei.
Den Jahreswechsel feierten wir.

Das Büfett: wunderschön anzuschaun,
man wollte seinen Augen kaum traun.
Was doch manch Koch so zaubern kann,
steht in der Küche voll seinen Mann.

Beim Plaudern und Tanzen verging die Zeit,
dann war es schließlich doch so weit:
Das alte Jahr –mal schlecht, mal gut–
schwenkte zum Abschied seinen Hut.

Wir begrüßen das Neue voll ZUVERSICHT,
was es uns bringen wird – wir wissen es nicht!!!

Hannelore Wolf, Januar 2024

Gedankenabrisse 2024

I.

„Morgenstund hat Gold im Mund" ausgehend von der Geschichte, die Eva uns vorgelesen hat, geht mir das Sprichwort im Kopf herum.

Ja, für mich stimmt das Sprichwort: Ich stehe gern früh auf, ich bin ein ausgesprochener Morgenmensch.

Der Morgen ist für mich frisch, verheißungsvoll, alles kann noch erledigt werden, die Zeit ist für mich gefühlt unendlich dehnbar, ich habe viel Zeit.

Abends dagegen bin ich erschöpft, manchmal enttäuscht, dass ich doch nicht alles geschafft habe, hab keine Kraft mehr, der Kopf wird schwer und will gebettet werden, im Kopf ist kein Platz mehr für schwierige Gedanken, am Abend darf man mir nicht komplizierte Zusammenhänge erklären wollen, dann verstehe ich nichts mehr, bin nicht bereit, etwas aufzunehmen. Ich lege alles Schwere nieder, lese nur noch einfache Texte oder schaue seichte Filme.

Dennoch gilt das Sprichwort nicht für alle Menschen. Andere lieben den Abend, ja, die Nacht! Sie fangen da erst an mit ihren sprühenden Ideen, begeben sich auf „Tour"!
Auch sind die Gewohnheiten und Bräuche oft unterschiedlich

bei verschiedenen Völkern; so wird in Spanien erst am spä-
ten Abend gegessen und oft erst dann geht man los, um sich
mit Freunden zu treffen.

II:

Warum hat man manchmal ohne ersichtlichen Grund gute
Laune, sieht das Leben positiv, verheißungsvoll?
Warum ist's manchmal trübe, schwer, man ist reizbar, schnell
verzagt... warum?

Es ist, wie es ist. Es ist das Leben!

Das Leben bringt ständigen Wechsel, wie Wolken am Him-
mel.
Wenn es einem gelingt, dem Trüben nicht so viel Gewicht
zu geben und mehr die hellen Tage zu beachten, alles mit
Gelassenheit zu tragen, dann gelingt das Leben.

Gelingen? Was ist das, Gelingen?

Wenn ich einverstanden mit dem bin, was ist, ist es ein
Gelingen.

Hanne Pluns, Juni 2024

Die Menschen können es nicht lassen.

Jeden Tag schrecken uns Bilder, die wir ganz tief in unserem Gedächtnis vergraben hatten. Zerstörte Häuser, Straßen, Fabriken und verzweifelte Menschen. Lange Zeit waren Krieg, Hunger und Sterben weit weg und wir konnten mit unserer Hilfsbereitschaft den verzweifelten Menschen helfen und mit gutem Gewissen schlafen. Doch nun ist es auch mit zu unserem Problem geworden. Die Ukraine ist ganz nah, und mit dem Nah-Ost verbindet uns die besondere Beziehung zu Israel. Viele Menschen sind auf der Flucht. Suchen Schutz in unseren friedlichen Ländern. Für die meisten Menschen ist die Situation neu und kaum zu erfassen. Für uns Alte tauchen die Bilder der Vergangenheit wie ein Albtraum auf.

Zum Ende des zweiten Weltkrieges war ich zehn Jahre alt. In den letzten Kriegsjahren lernten wir Flüchtlinge kennen. Es waren keine Emigranten. Es waren unsere Bürger, die vor den anrückenden Russen, ihre Heimat verlassen mussten. Zu Fuß, mit Handwagen, mit Pferdefuhrwerken kamen sie, unter Beschuss von Tieffliegern, in unsere Städte und Gemeinden. Dort sah es so wie heute nach einem Drohnenangriff in der Ukraine aus. Jede Nacht gab es Fliegeralarm.

Raus aus den Betten und rein in den Keller. Mein Vater hatte einen Kellerraum unseres Einfamilienhauses als Luftschutzraum ausgebaut. Die Decke mit Balken verstärkt und das Kellerfenster zum Notausstieg umgebaut. Es gab damals einen Luftschutzwart, der die Schutzeinrichtungen kontrollierte. Ein Haus in unserer Straße wurde als öffentlicher Bunker deklariert. Als einmal vierzehn Menschen darin Schutz gesucht hatten, wurde das Haus von einer Luftmine getroffen. Elf Menschen starben. Drei wurden unter Lebensgefahr von den Anwohnern gerettet. Unser Nachbar wurde von einem Bombensplitter am Kopf getroffen und starb. Es war der erste Tote, den ich gesehen habe. Wir Kinder hatten bis dahin immer die Gärten nach Bombensplittern abgesucht. Damit wurde in der Schule getauscht. Nach dem Tod unseres Nachbarn habe ich keine Splitter mehr gesucht.

Bis die russischen Truppen in die Nähe unseres Ortes kamen, gab es Schulunterricht. Ganz egal, ob wir nachts einmal oder mehrmals in den Keller mussten. Am Tage gab es auch Luftangriffe. Die wurden mit Vorwarnung angekündigt. Wer in fünfzehn Minuten zu Hause sein konnte, durfte nach Hause rennen. Das war möglich, denn zur damaligen Zeit kamen die Bomben noch per Flugzeug und diese wurden im Anflug gesichtet.

Was dann kam, dürfte sich kaum von der heutigen Zeit unterscheiden. Die Russen besetzten auch unsere Gemeinde. Der, noch an unserem Kanal aufgestellte, Volkssturm hat daran auch nichts ändern können. Die regulären Soldaten waren gen Westen marschiert, um lieber in amerikanische Gefangenschaft zu geraten.

Die meisten Häuser waren beschädigt oder zerstört. Auch unser Haus hatte Schäden. Fensterscheiben und das Dach mussten notdürftig ausgebessert werden. Wir mussten einige Zeit raus und wurden von Nachbarn aufgenommen. Auch mehrere andere Häuser wurden besetzt. Es gab keinen Strom. Wasser gab es, wenn im Garten eine Handschwengelpumpe war. Dort konnten alle Nachbarn sich mit Wasser versorgen. Auch wir hatten eine im Garten, die mein Vater wieder in Gang setzen konnte.

Das Ende des Krieges war im Mai. Im Sommer gab es wieder Schulunterricht. Unsere Schule war kaum beschädigt, allerdings nun zu klein, denn es gab ja viele Flüchtlingskinder. So waren die Klassen überfüllt und wir hatten Schichtunterricht. Heute kaum vorstellbar. Wir saßen zu viert in Dreierbänken. Die stammten aus einer Mädchenschule und man hatte kaum Bewegungsfreiheit. Es war aber ein Glücksfall, dass unsere Schule räumlich gut ausgestattet war. Turnhalle, Chemieraum, Lernküche und eine große Aula, sogar mit Flügel. Doch dann kam der Winter. Die erste Kälte haben wir mit Handschuhen überstanden. Dann unterrichtete uns unsere Klassenlehrerin einmal in der Woche gruppenweise zu Hause in ihrem Wohnzimmer. Bedingung: Jeder musste etwas zum Heizen mitbringen. Wir bekamen Hausaufgaben, immer für eine Woche.

Nach den Wintermonaten gab es wieder normalen Unterricht und sogar Schulessen. Das sollten unsere Schüler mal heute probieren. Eifosuppe. Suppe aus gemahlenen Eicheln. Mein Magen streikte und unsere Reinigungfrau musste den Flur bis zur Toilette aufwischen. Besser war dann die Möhrensuppe. Soviel Möhren habe ich nie wieder schälen müssen. Alle Mädchen mit der Benotung „sehr gut" und „gut" mussten zum Möhrenschälen in die Schulküche. Ich habe gerne geschält, da konnte man immer mal ein paar Rübchen roh essen. Für mich war das Schulessen ein Graus. Für viele war es die einzige warme Mahlzeit.

Es war eine schwere Zeit. Wenig zu essen, keine vernünftige Kleidung. Einem Mädchen mussten wir einmal in der Woche die Hausaufgaben nach Hause bringen, denn sie konnte an dem Tag nicht zum Unterricht kommen. Ihr Kleid wurde gewaschen. Doch etwas ist hervorzuheben. Wir alle wollten lernen. Wir haben zwar auch unsere Lehrer geärgert. Die hatten aber die Unterstützung der Eltern. Meine Klassenlehrerin der letzten Schuljahre und unseren, von der Oberschule aus politischen Gründen strafversetzten, alten Matheprofessor werde ich nie vergessen, denn sie haben die Grundlage für meinen Berufsweg geschaffen. Unsere Klasse war die Rabaukenklasse der Schule und hat bestimmt manchem Junglehrer den Spaß an der Lehrtätigkeit verdorben. Wir alle, Lehrer und Schüler waren aber bemüht, die Werte einer Gemeinschaft aufrecht zu erhalten. Beispiele der Einsatzbereitschaft und der Verantwortung für die Gemeinschaft gab es viele. Auch diese sind in unserer Erinnerung geblieben. So auch die medizinische Betreuung. Wir hatten im Ort einen Arzt der die Gemeinde versorgte. Er war zweiundachtzig Jahre alt. Betreute uns Schulkinder und besuchte seine bettlägerigen Patienten zu Fuß. Für ihn war es seine berufliche Verpflichtung und Verantwortung gegenüber seinen Mitbürgern.

In unserer Kindheit war gerade der fürchterliche zweite Weltkrieg zu Ende. Wir haben die Schrecken des Krieges und seine Folgen als Kinder erlebt und vieles ist in unserer Seele eingebrannt. Die Kriege und ihre Folgen sind jetzt, durch die technische Entwicklung und das Machtstreben Einzelner noch schlimmer geworden, umso unverständlicher ist es uns, dass dem Streben nach Radikalismus in unserer Zeit, von denkenden Menschen Raum gegeben wird, statt die Demokratie und ihre Werte davor zu schützen.

Eva Mari Kluck, Stahnsdorf, 2024

Meine Familie, Katzen und ich

Teil 1: Wir wollen keine Haustiere – schon gar keine Katzen

Die Erlebnisse mit unserem Wellensittich hatten uns geprägt. Wir liebten ihn sehr. Doch, wenn wir in den Urlaub fahren wollten, waren wir immer abhängig davon, dass jemand aus der Nachbarschaft sich um Bubi kümmerte. Dabei konnten wir für die Urlaubszeit gut im Voraus planen, schwieriger wurde es, wenn wir spontan die Idee hatten, an einem Wochenende zu verreisen. Eine passende Betreuung für Bubi zu finden, war schon nicht leicht, wie würde dies erst sein, wenn wir beispielsweise eine Katze hätten? Insofern stand für unsere Familie fest: Wir wollen uns nach Bubi kein neues Haustier anschaffen, und schon gar keine Katze!

Diesem Vorsatz blieben wir fast zwanzig Jahre treu. Die Frage nach einem Haustier kam in unserer Familie erst wieder hoch, als unsere Enkelkinder in dem Alter unserer Kinder waren, als wir Bubi zu uns holten. Wir, als Großeltern, wollten jetzt nicht Teil der Antwort sein, wir lächelten nur darüber und dachten: Wie sich doch alles immer wiederholt!

Ende Mai 2016 planten mein Mann und ich, meinen Bruder

zu besuchen, der mein Elternhaus in Mecklenburg-Vorpommern übernommen hatte. Meine Tochter und unsere Enkelin, die kurz vor ihrem 6. Geburtstag stand, hatten an diesem Wochenende nichts vor und fragten, ob sie mitkommen könnten. Wir freuten uns auf das gemeinsame Wochenende, so konnten wir mal wieder mehr Zeit miteinander verbringen.

Als wir bei meinem Bruder ankamen, begrüßte uns schon meine Schwägerin mit dem Worten: "Habt ihr ein Glück, unsere Miez hat vor zwei Tagen vier kleine Kätzchen bekommen". Mein Mann, meine Tochter und Enkeltochter freuten sich und liefen sofort zum Ort des Geschehens. Sie hatten sich in die Kätzchen schockverliebt und waren von diesem Ort kaum wegzubringen. Ich blieb hinten stehen und staunte über diese kleinen niedlichen Kätzchen.

Spontan fragte ich mich, warum wurden mir als Kind unsere kleinen Kätzchen niemals gezeigt? Ich bin doch mit zahlreichen Haustieren und deren Babys aufgewachsen. Von den Katzen weiß ich sehr wenig. Es gab davon immer nur zwei auf unserem Hof. Sie hatten auch keine eigenen Namen und wurden damals schon „Miez" oder „Miezi" gerufen. Die Katzen gehörten zum Bauernhof wie ein Hund, die Hühner, Pferde, Kühe und Schweine. Jedes Tier hatte hier seine Aufgaben oder Zwecke zu erfüllen, keins von ihnen war ein Spielgefährte von uns Kindern. So spielte ich auch nicht mit den Katzen. Ein kleines Streicheln im Vorübergehen ja, aber mehr nicht. Mit unseren Katzen früher wurde nicht geschmust – sie wurden wirklich nicht verwöhnt. Sie bekamen täglich auch nur eine Mahlzeit, die aus Resten unserer Mittagsmahlzeit bestand, meist nur Kartoffeln mit Soße. Das Fleisch dazu sollten sie sich selbst erjagen. Ich glaubte damals sogar, dass unsere Katzen ihr „Fell wechselten". Grundsätzlich sahen sie immer schwarz-weiß aus, mal mit größeren, mal mit kleineren schwarzen Flecken. Diese Änderungen konnte ich mir nur durch einen Fellwechsel erklären. Ich machte mir als Kind auch keine Gedanken darüber, wie viele Kätzchen zu einem Wurf gehören könnten – waren es vielleicht doch mehr als zwei? Hier gab es jetzt nun vier, die uns präsentiert wurden.

Unsere Enkeltochter riss mich aus meinen Gedanken, indem sie hartnäckig darauf bestand, eine Katze mit nach Hause nehmen zu wollen. Abgesehen davon, dass dies zu diesem Zeitpunkt nicht möglich war, da die Kätzchen noch längere Zeit bei ihrer Mutter bleiben mussten, hörte ich meinen Bruder sagen: „Wenn Du eine Katze haben willst, dann such Dir eine aus, sonst sind sie weg." Ich fragte: „Wie, weg", ist die Nachfrage so groß?" Mein Bruder schwieg. Meine Tochter bohrte nach: „Wollt ihr alle selbst behalten?" Mein Bruder schüttelte den Kopf. „Nein, auf keinen Fall, wir haben ja zwei Katzen", sagte er und fügte hinzu, dass eine Katze bei einem Dorfbewohner bleiben wird, die hatte er ihm versprochen. Er bemerkte, dass wir langsam eine Ahnung davon bekamen, was er mit den weiteren drei Kätzchen vorhatte. Meine Tochter hielt es nicht mehr aus, es sprudelte aus ihr heraus: „Machst Du die drei tot?" Er schwieg. Unsere Enkeltochter stand dabei und hörte dies. Sie jammerte sofort los: „Nein, nicht totmachen, Mama!" Sie steigerte sich so sehr in diesen Gedanken hinein, dass kein ordentliches Gespräch mehr möglich war. Alles fokussierte sich nun auf die Zukunft von diesen drei kleinen Kätzchen. Der Gedanke, dass mein Bruder dazu fähig ist, nein: sogar gewillt war, sie zu töten, und er wohl auch nicht lange fackeln würde, sollte sich kein Abnehmer für die Kätzchen finden, ließ mich sehr unruhig schlafen. Am nächsten Morgen ging ich zu ihm und nahm ihm das Versprechen ab, dass er diese kleinen süßen Kätzchen nicht töten wird. Er versprach es. Doch was passiert, wenn wir wieder abfahren? Hier lauerten für die drei Kleinen viele Gefahren. Unsere Tochter, die auch die halbe Nacht nach Lösungen gesucht hatte, machte meinem Bruder den Vorschlag, dass sie zwei Katzen nehmen wird und für die dritte auch noch eine Lösung sucht. Die dritte Lösung war telefonisch schnell gefunden bei einer sehr lieben Katzenfreundin in Kleinmachnow. Wir konnten erst einmal alle tief durchatmen, sodass das restliche Wochenende noch ganz erholsam wurde. Unsere Enkelin war sehr glücklich, zwei Katzen zu bekommen.

Am Sonntagnachmittag machten wir vier uns in Richtung Heimat auf. Unterwegs telefonierte meine Tochter mit ihrem Mann und berichtete vom Erlebten und dem versöhnlichen Ausgang. Nun kam das, womit wir nicht gerechnet hatten. Der Papa unserer Enkelin war entschieden dagegen, eine, geschweige denn zwei Katzen aufzunehmen und gab zum Vorhaben seiner Frau eine klare Absage. Tochter und Enkelin waren untröstlich, man konnte es kaum ertragen. Ich konnte meinen Schwiegersohn verstehen, er war unvorbereitet und hatte keine Ahnung, dass „seine Mädchen" sich auf einem Wochenendausflug für zwei Kätzchen entscheiden würden. So eine Anschaffung will schon überlegt sein! Ich schaute meinen Mann an und sagte eher leise und gedankenlos in den Raum, wofür ich mich sofort hasste: „Dann müssen WIR wohl herhalten…". Dies war noch nicht ausgesprochen, nicht einmal wirklich ernst gemeint, da kam aus dem Background wie im Chorgesang die Zustimmung. „Ja, ja, ihr macht das!" Mein Mann lächelte in sich hinein – er lehnte aber nicht ab. Ich hatte sofort etliche Einwände parat und begründete, warum ich keine Katze haben möchte. Ich wollte, dass mein Enkel, der Sohn meines Sohnes, der unter einer Katzenhaarallergie leidet, uns weiterhin besuchen kommen kann, insofern waren Katzenhaare in der Wohnung tabu. Katzen sind ortsgebunden, können nicht, wie Hunde, auf einen Wochenendtrip einfach mitgenommen werden. Also müssten Nachbarn oder fremde Personen den Zugang zum Haus bekommen. All das wollte ich nicht! Und ich gab zu bedenken, dass Katzen unsere Flexibilität und Freiheit einschränken. Wir hatten uns doch versprochen, dass wir keine Haustiere mehr wollen – und schon gar keine Katzen, dachte ich, warum jetzt diese Rückwärtsrolle? Aber, ich habe die kleinen Kätzchen und ihre Herzchen pochen gesehen und konnte doch nicht zulassen, dass ihnen etwas passiert... Ich legte nun Bedingungen fest, unter denen ich bereit wäre, die Katzen aufzunehmen: „Sie kommen nicht ins Wohnhaus, sie erhalten ein eigenes Haus, das noch zu errichten ist. Wir haben noch 12 Wochen Zeit – das sollte doch schaffbar sein."

Ende August holten wir die beiden niedlichen Katzen zu uns – wir nannten sie Leo und Anni. Sie zogen in ein neu gebautes Katzenhaus ein, das von meinem Mann geplant und mit viel Liebe gebaut wurde. Es hatte alles, was Katzen so begehren: Es ist komplett wärmegedämmt, hat 3 Fenster, einen Kratzbaum, 3 Höhlen, Ablagemöglichkeiten auf verschiedenen Ebenen und eine Fußbodenheizung unter einem weißen Kunststeinfußboden. Und für die Betreuung durch den Nachbarn, wenn wir verreist sind, wurde der Gartenzaun hinterm Katzenhaus für einen schmalen Durchgang geöffnet.

Mein Mann befasste sich sehr viel mit den neugierigen und aufgeweckten Katzen, sodass sie von Beginn an zu ihm sehr zutraulich waren. Auch ließen wir unsere Katzen nach weiteren drei Monaten kastrieren bzw. sterilisieren, damit wollten wir ungewolltem Nachwuchs vorbeugen. Eines Tages sagte mein Mann zu mir: „Hätte ich gewusst, dass Katzen einem so viel Freude bereiten, dann hätte ich mir schon viel früher Katzen gewünscht." Seine Augen leuchteten dabei.

Am Ende dieser Geschichte möchte ich noch einen Gedanken aufgreifen, der mich sehr bewegt. Ich frage mich, was wäre mit unseren Katzen passierte, wenn wir sie nicht genommen hätten? Mein Bruder erzählte mir nicht, was er mit ihnen vorhatte. Ich weiß aber, dass „überzählige Katzen" auch getötet werden, was ich zutiefst verachte. Ich bin davon überzeugt, dass diese Praxis auch bei uns früher ausgeübt wurde. Es beruhigt mich auch nicht, wenn ich von Dorfbewohnern höre, dass dies halt so „üblich" war oder – trotz Verbot – noch ist. Ich wünsche mir, dass alle Menschen auch Katzen gegenüber nach dem Motto handeln würden: „Was du nicht willst, dass man dir tu', das füg' auch keinem anderen zu".

Christiane Eisold, 2024

Ostergrüße

Die Osterglocken leise klingen
fürs schönste Fest zur Frühlingszeit.
Das Osterhasenheer sich rüstet,
die Henne Berta sich stolz brüstet:
„Ich leg die größten Eier weit und breit!"

Am meisten sich die Kinder freu'n
am bunten Eiersegen.
Am Ostersonntag Spannung pur:
wo liegen denn die Eier nur?
Zum Glück gibt's keinen Regen!

Die Familie trifft in großer Zahl
sich zum leckeren Festagsschmause.
Man nutzt dabei die wohlverdiente Pause,
trinkt „Osterwasser" –
ganz nach seiner eigenen Wahl.

Ein Spaziergang in die grünende Natur:
das gefällt den Alten wie den Jungen.
Es wird geschwatzt, gelacht und viel gesungen.
Der Feiertag – er bringt uns Freude nur.

So nutzt die Zeit denn weiterhin im Bunde,
bei frohem Spiel mit Kindern und dem Hund.
Und denkt daran: oft lachen ist gesund!
„Frohe Ostern" – soll es schallen in die Runde!

Hannelore Wolf, März 2024

Meine Familie, Katzen und ich

Teil 2: Leo und Anni

Nun hatten wir zwei neue Familienmitglieder – „Leo" und „Anni" – zwei süße und hübsche Kätzchen.

Sie bezogen das gerade neu erbaute Katzenhaus und fühlten sich darin sehr wohl. Sie untersuchten alles, waren flink und wendig. Sie hatten einen starken Drang nach draußen, denn auf dem Bauernhof konnten sie jeden Tag ins Freie. All dies durften sie jetzt nicht, da sie sich erst bei uns eingewöhnen mussten. Ihre Mutter brachte ihnen viel bei. Sie konnten schon Mäuse jagen und stellten (leider) auch kleineren Vögeln nach. Wir verabreichten ihnen anfänglich noch Katzenbabymilch, die sie sehr liebten. Sie waren zwar Bruder und Schwester, sahen sich aber gar nicht ähnlich. Leo – ein schwarzer Kater, der sehr ängstlich und Geräusche empfindlich war – hätte vielleicht „Hase" heißen sollen, dies entsprach eher seinem Charakter. Er fand schnell Vertrauen zu meinem Mann, der ihm täglich sein linkes Auge trocken tupfte, da sein Tränenkanal verstopft war. Es sah immer so aus, als würde er weinen, damit konnte er uns beeindrucken. Seine Schwester Anni – eine braun getigerte Katze – war dagegen neugierig, dominant, mutig, uns gegenüber aber scheu, distanziert und machte sehr schnell von ihren messerscharfen

Krallen Gebrauch. Es dauerte eine sehr lange Zeit, bis sie zutraulich wurde. Ihrem Bruder gegenüber hatte sie das Sagen. Wir waren darüber sehr überrascht, dass Frauen im Tierreich schon so emanzipiert sind.

Uns tat's leid, dass die Katzen zur Eingewöhnung im Katzenhaus bleiben mussten. Wir wollten sie mit ihrem näheren Umfeld vertraut machen und planten, sie im Garten auszuführen. Dafür kauften wir zwei Katzenkorsetts, allerkleinster Größe, mit langen Leinen und legten sie den Katzen an. Es war für uns sehr aufregend. So klein die Katzen waren, so wild und stark waren sie, wenn sie etwas nicht wollten, wie dieses Korsett. Alles ging so schnell, ehe wir uns versahen, konnte sich Anni auch aus ihrem Korsett „befreien" und kletterte den nächsten Baum hoch. Mein Mann konnte sie gerade noch greifen. Leo blieb zwar im Korsett, kletterte aber auch den Baum hoch und verhedderte sich mit der Leine in den Ästen. Wir schwitzten Blut und Wasser und waren sehr froh, dass der kurze Spaziergang schnell und ohne Blutvergießen endete. Die Korsetts mit Leinen legten wir ihnen nie wieder an.

Unsere Katzen waren ein halbes Jahr alt, sie waren gerade so niedlich und verspielt, da rückte der Termin zum Sterilisieren und Kastrieren heran. Wir wollten eigentlich Schmerz von ihnen abwenden, doch diese Eingriffe sind sinnvoll und notwendig, um die Katzenpopulation einzudämmen. Und Katzennachwuchs wollten wir sowieso nicht. Insofern gab's nichts zu überlegen. Beide Katzen haben die Eingriffe gut überstanden. Anni war ein anatomisches Wunder, die Eierstöcke lagen nicht dort, wo sie sein sollten, das machte den Eingriff nicht einfacher und die daraus resultierende Narbe nicht kleiner. Nachdem beide Katzen sich von diesen Strapazen erholt hatten, ging's ab ins Freie. Wir waren uns sicher, dass sie nicht mehr von uns weglaufen würden. Sie gehörten fest zu uns.

Die kleinen Katzen machten uns viel Freude, sie spielten, jagten und flitzten im Garten umher. Sie waren nicht nur süß anzusehen, sondern auch wählerisch in ihrer Mahlzeit und eigensinnig in ihrem Tun, aber immer anhänglich. Wir hatten den Eindruck, dass sie unsere Bestimmer waren. Das Sprichwort: „Katzen haben Personal!" traf voll zu. Mein Mann war von Anfang an ihr „Lieblingsmensch". Er hat immer ein Leckerli für sie, doch achtet er auch darauf, dass sie nicht zu viel davon bekommen. Ich bin zu ihnen strenger und achte darauf, dass sie nicht ins Wohnhaus kommen. Dabei fühle ich mich hier wie ein „Rufer in der Wüste". Mein Mann und meine Tochter verdrehen die Augen, wenn ich sie daran erinnre, was wir seinerzeit verabredeten. Jetzt sagen sie zu mir: „Sei doch nicht so, lass sie doch zu uns ins Haus. Sie sind doch so süß!" Als wenn das eine mit dem anderen etwas zu tun hätte. Nur gut, dass Katzen nicht nachtragend sind!

Anni wurde immer zutraulicher. Mein Mann berichtete mir, dass er sich darüber sehr freue. Sie lief auch gern hinter ihm her. Sie machte auch nicht Halt vor dem Auto, sodass wir aufpassen mussten, dass Anni uns beim Wegfahren oder Heimkommen nicht ins Auto lief.

Im April 2020 passierte dann das Unvermeidliche. Mein Mann kam mit dem Auto nach Hause, parkte rückwärts ein. Anni huschte unbemerkt unters Auto. Das langsam fahrende Auto erfasste sie längs des Schwanzes mit dem Vorderreifen und klemmte sie bis zum Becken ein. Hier erst bemerkte mein Mann einen kleinen Widerstand und fuhr zurück. Er hielt an, stieg schnell aus und sah Anni zum Nachbargrundstück hinüberrennen.

Geistesgegenwärtig informierte er unsere Tierärztin, die in unserer Nähe ihre Praxis hat. Sie kam sehr schnell mit dem Rad zu uns, sah die Katze auf dem anderen Grundstück und holte von der Praxis einen großen Tierfang-Kescher, mit dem sie Anni zu uns herüberholte. Sie untersuchte sie kurz und stellte fest, dass eine sehr ernste Fraktur vorliegen könnte. „Das muss geröntgt werden", war ihre Aussage. Mein Mann nahm die Katze, legte sie in den Käfig und fuhr nach Berlin-Zehlendorf in die Tierklinik. Hier wurde ein sehr komplizierter Beckenbruch festgestellt mit Nervenschädigung, vergleichbar mit einer Querschnittslähmung. Eine Operation wäre notwendig und auch möglich gewesen. Die Ärzte sahen jedoch keine Chance auf normale Heilung. Mein Mann war untröstlich. Die Ärztin sagte: „Die Katze wird nie wieder selbständig Wasser lassen können, d.h. die Katze ist ganztägig auf fremde Hilfe beim Urinieren angewiesen. Sie wird viel Schmerzen haben und sehr viele Medikamente einnehmen müssen." Diese Aussage war so erdrückend. Die Ärztin gab meinem Mann den Rat: „Muten Sie Ihrer Katze diese Tortur nicht zu, lassen Sie sie in Ruhe gehen. Das wäre für das Tier eine gute Entscheidung, die der Halter treffen muss." Mein Mann fühlte sich sehr gestresst. Eben erlebte er noch diese lebensfrohe Anni – wie kann er jetzt so eine endgültige Entscheidung treffen? Er wollte Anni nicht loslassen, machte sich auch unendlich viele Vorwürfe wegen des Unfalls – hätte er ihn verhindern können? Er konnte aber auch nicht wollen, dass sie den Rest ihres Lebens leiden muss. Nach eingehender Bedenkzeit und abwägen aller Gründe entschlossen wir uns, dem Rat der Ärztin zu folgen und Anni gehen zu lassen. Mein Mann hat sie dabei begleitet. Sie schlief ruhig ohne Schmerzen ein. Von uns ging Anni zu einem Zeitpunkt, als sie das größte Zutrauen zu uns hatte. Nicht nur wir vermissten Anni, sondern auch Leo, der während des Unfalls ganz in der Nähe war. Er zeigte uns dies durch Auffälligkeiten in seinem Verhalten: er lief von uns davon, aß kein Fressen, blieb in seiner Höhle im Katzenhaus und ist bis heute noch schreckhafter bei den allerkleinsten Geräuschen.

Bei uns war nichts mehr wie immer. Mein Mann wurde immer stiller, er litt unter dem Weggang von Anni. Leo verhielt sich nicht wie eine normale Katze. Unsere Kinder konnten dies nicht mehr mit ansehen und riefen eine „Familienzusammenkunft" ein, an der mein Mann, unsere beiden Kinder und ich teilnahmen. Beide Kinder vertraten mit Nachdruck den Standpunkt, dass Anni ersetzt werden muss, damit mein Mann sein Trauma verarbeiten kann und Leo wieder einen Weggefährten hat. Mein Mann stimmte nach kurzer Bedenkzeit zu, wobei ich unschlüssig war, dann aber auch einwilligte.

Zufällig war die Katze meines Bruders wieder tragend. Meine Tochter telefonierte mit ihm und schilderte die Situation. Die „Miez" meines Bruders brachte Anfang Mai 2020 wieder vier Kätzchen, zwei Mädels und zwei Jungs, zur Welt. Unsere Tochter verliebte sich erneut in diese Kätzchen, der Wunsch unserer Enkeltochter nach einem Kätzchen bestand immer noch. Inzwischen hatten sie auch meinen Schwiegersohn so weit, dass er dieser Anschaffung zustimmte, jedoch mit der Bitte, dass auch seine Familie ein Katzenhaus bekommt. Eine Bekannte meiner Tochter wollte auch noch ein Kätzchen, sodass wir alle vier Kätzchen bei meinem Bruder bestellten.

Ihm fiel sicher ein Stein vom Herzen, brauchte er sich doch keine Gedanken zu „überzähligen Kätzchen" machen.

Mein Schwiegersohn beschaffte alle Baumaterialien. Mein Mann und der Lebensgefährte der Mutter meines Schwiegersohns gingen frisch ans Werk. Pünktlich zur Ankunft der Katzen war das schöne Haus fertig. Die Familie meiner Tochter holten im August die Katzen aus Mecklenburg-Vorpommern. Wir erhielten ein süßes Kätzchen und nannten es „Moni". Wie es mit ihr und Leo weitergeht, wird im dritten Teil erzählt.

Christiane Eisold, Dezember 2023

Wonnemonat Mai

Wie ist so mild der Wonnemonat Mai!
Die Natur, sie platzt aus allen Nähten.
Von Blüten schwanger süßer Duft,
der Amselmann sein Weibchen ruft,
kein Vogel möcht' beim Nestbau sich verspäten.

Immen schweben zu den tausend Blüten,
Falter breiten schillernd zarte Flügel aus.
Das Treiben dieser Tierchen mag der Mensch behüten,
sie schenken Gaben der Natur an alle aus.
Der Wonnemonat lockt nicht nur die Fauna,
nein – auch manch' menschlich Wesen zieht's hinaus.

Sie radeln, wandern, schwimmen oder segeln,
sie schweben in der Luft nah' bei den Vögeln.
Wen hält's in dieser wundervollen Zeit im Haus?
Das Herz wird weit, wir atmen tief
den Duft des Frühlings für den Leib, die Seele ein.
Der Mensch ist glücklich, kann die Lust genießen,
voll Wonne seine Augen schließen,
im lauen Sommerwind bei süßen Träumerei'n.

Voll Kampfeslust, mit aufgeregten Sinnen
tanzen Mückenschwärme ihren wilden Reigen –
bevor als Minivampir sie sich zeigen.
Nach gestilltem Durst zieh'n sie gestärkt von hinnen.
Am Waldessaum im weichen grünen Moose
hör' ich den Lerchen und den Grillen zu.
Kein Blatt rührt sich am Baum,
die Gräser neigen sich ganz leise,
nur ein paar Käfer summen ihre Weise,
doch diese Töne stören keine Ruh'.

Ein Windhauch in der Bäume Wipfel
durchbricht die Stille eine kurze Zeit.
Er raunet Grüße in die Runde,
verkündet schon die Dämmerstunde –
der Tag dem Abend sich hat zugeneigt.
So lasst uns froh dem Schöpfer danken
für all' den Zauber, den er hat beschert.
Wollen täglich unsere Hände regen,
dass der reiche Erdensegen
bis in alle Zeiten währt.

Hannelore Wolf, Mai 2024

Meine Familie, Katzen und ich

Teil 3: Leo und Moni

Im August kamen die kleinen getigerten Kätzchen, unsere „Moni" und ihre beiden Geschwister bei uns an. Sie blieben zunächst noch zu dritt bei uns, damit Moni sich nicht so einsam fühlte. Und es war auch nicht klar, wie Leo auf Moni reagieren würde. Es war einfach eine spannende Zeit mit noch ungewissem Ausgang.

Die drei kleinen Kätzchen waren sehr drollig und kess, sie eroberten sich einen Raum in unserem Anbau, fühlten sich pudelwohl, kratzten am Dämmmaterial der Rohrleitungen, sprangen ins Waschbecken und liebten das laufende Wasser aus dem Wasserhahn. Wenn mein Mann für sie das Futter zubereitete, waren sie so neugierig und „fresssüchtig", dass alle drei an seinen Hosenbeinen hochkletterten. Er meinte, dass sich dies „messerscharf", stärker als jegliches Peeling, anfühlen würde. Er verzog dabei sein Gesicht und lachte doch. Diese drei brachten ihn auf andere Gedanken, er lebte wieder auf. Zum Schlafen kuschelten sie sich die drei nah aneinander und genossen es, zusammen zu sein. So hätte das Leben für Moni weitergehen können, sie liebte ihre beiden mitgebrachten Geschwister, die aber zu meiner Tochter weiterreisen mussten.

Irgendwie konnten wir es einrichten, dass Moni bei der Trennung von ihren Geschwistern nicht anwesend war. Als sie es jedoch realisierte, dass ihre Spielgefährten nicht mehr da waren, fing ein lautes, fast weinerliches Mauzen und Miauen an, es waren Töne, die bis ins Mark gingen. Sie war unruhig und zeigte an, dass sie ihre Geschwister vermisst. Mein Mann setze sich zu ihr, streichelte sie ganz lange, wollte sie einfach beruhigen – doch sie wollte sich nicht beruhigen lassen. Er legte sich nah zu ihr hinunter auf die Decke und streichelte sie weiter. Jetzt gab sie nach und schlief ein. Hier begann die innige Freundschaft zwischen meinem Mann und Moni.

Meine Tochter konnte es nicht übers Herz bringen, dass die kleine Moni so allein war. Sie brachte beinahe täglich ihre Katzen zum Spielen vorbei. Sie fremdelten nicht, spielten immer gleich wieder drauf los. Kurze Zeit später verreiste meine Tochter mit ihrem Mann für einige Tage und ließ ihre beiden Katzen nochmals bei uns. Wir fühlten uns wie im Katzenkindergarten. Unser neugieriger Leo kam ab und an die Glastür zum Anbau und schaute hinein – wenn er die drei Katzen sah, fauchte er und ließ die Nackenhaare hochstehen, bevor er wieder verschwand. Die drei kleinen Katzen blieben staunend auf der anderen Seite der Tür zurück. Wir können nicht sagen, was emotional in Leo vorging, aber wir konnten eindeutig seine Ablehnung feststellen.

Auch diese „Katzenkindergartenzeit" hatte mal ein Ende. Mein Mann versuchte beinahe täglich Moni mit Leo zusammen zu bringen. Anfangs hatte er ihn dabei auf dem Arm, doch jedes Mal beim aufeinander zugehen, flippte Leo aus, er wurde aggressiv – so kannten wir ihn gar nicht. Leo war kein kleines Kätzchen mehr, sondern schon vier Jahre alt, das ist auch bei Katzen schon „volljährig". Vielleicht konnte er mit einem Baby, wie Moni es noch war, nichts anfangen. Wir mussten Geduld haben.

Mit der Zeit schien seine anfänglich starke Ablehnung nachzulassen. Dennoch endeten seine Besuche bei Moni an der Tür stets mit Fauchen und Aufstellen der Nackenhaare, das war selbst für uns Angst einflößend. Wir hatten Angst, dass der starke Leo der kleinen Moni etwas antun könnte. Er durfte ohne Monis Anwesenheit ihren Raum betreten, dass er hier alles beschnuppern konnte – auch dies endete mit Weglaufen. Das Zusammenbringen gestaltete sich schwierig. Wir bemerkten aber, dass Moni gern mit Leo zusammenkommen würde. Sie war gar nicht ängstlich, lief Schritte auf ihn zu, ohne die Grenze der Nahbarkeit zu übertreten. Leo zeigte sein übliches Gehabe und lief immer wieder weg. Moni schaute ihm einfach nach, sie lief nicht weg. Was sie wohl über solch ein Benehmen dachte? Es schien einfach so, dass Leo keine Lust auf Moni hatte. Dies zeigte er uns jeden neuen Tag. – Doch wenige Tage später erlebten wir eine Überraschung. Beide Katzen standen sich wieder einmal auf der Terrasse gegenüber. Unsere Herzen klopften laut, der Puls schnellte in die Höhe. Mein Mann stand „Gewehr bei Fuß", dass er Schlimmeres hätte verhindern können. Moni ging auf Leo zu und legte sich rücklings auf den Boden. Leo ging auf sie zu, wurde nicht aggressiv, hielt inne und dachte wohl: „Siehst du, genauso will ich das haben!" Dann drehte er sich um und stapfte davon. Moni stand auf und reckte sich – was sie wohl dachte? Sie war mit ihrer devoten Haltung gegenüber Leo die Klügere. Das nächste Aufeinandertreffen verlief ohne Stress: Moni ging immer näher an Leo heran und beide beschnupperten sich. Jetzt schien das Eis gebrochen zu sein. Unsere Moni wurde immer mutiger und weckte bei Leo sämtliche Lebensgeister und auch wieder seinen Spieltrieb. Es ist schön anzusehen, dass beide um die Wette durch den Garten rennen, Einkriegezeck spielen und gemeinsam Mäuse jagen. Moni besuchte erstmals das Katzenhaus, war mutig und legte sich gleich in Leos Höhle – das ließ er zu. Wir bauten noch eine Kamera ins Haus ein, damit wir sicher sein konnten, dass keine ungewollten Auseinandersetzungen passieren. Von dieser Zeit an leben beide in sehr friedlicher Koexistenz im Katzenhaus, beschnuppern sich täglich mehrmals und schlecken sich auch gegenseitig ab. Moni hat auch die

Führung übernommen und verpasst Leo schon mal ein paar „schlagkräftige Argumente", Leo ist folgsam. Wir können sogar feststellen, dass sie sich einander brauchen. Dieser gute Ausgang musste hart erarbeitet werden. Sie beide sind ein fester Bestandteil unserer Familie.

Nachsatz: Leo hält sich auch immer noch von unserem Auto fern. Auch Moni scheint bisher verstanden zu haben, dass sie Abstand zum Auto halten muss. Möge das immer so bleiben und sie beide gemeinsam bei uns alt werden!

Christiane Eisold, Dezember 2023

Sommer

Ein süßer Lindenblütenduft umweht die Nase,
in den Rabatten leuchtend blau Lavendel strahlt.
Der Klatschmohn strotzt sehr rot in einer Vase,
die goldenen Lilien schauen aus fast wie gemalt.

Die farbenprächtige Natur erfreut die Herzen,
lässt manchen Kummer schmelzen und vergehn.
Die Menschen möchten lachen, singen, scherzen,
als wär ein Wunder grad' geschehn.

Die Leichtigkeit des Sommers zu genießen –
Das ist der Traum von jedem dieser Zeit.
So lasst die Lebensstunden sorglos fließen,
der Herbst mit seinen Stürmen ist noch weit!

Hannelore Wolf, Juni 2024

Hände

Wie könnte ich diesem unerschöpflichen Thema gerecht werden? Nicht mit den wenigen Gedanken, die ich hier aufgeschrieben habe. Dennoch, ich erzähle sie Ihnen gern.

7.30 Uhr morgens, Margrit im Bad. Waschen, anziehen – alles dauert lange, ist mühsam, auch ein bisschen schmerzhaft. Nun noch Zähne putzen, mit links!

Seit zwei Tagen stecken meine rechte Hand und der Unterarm in einem Verband. Heraus schauen nur die Fingerspitzen, die dick geschwollen und rot von der Joddesinfektion sind. Ich habe sogenannte „Springfinger". Diesmal wurde der rechte Ringfinger operiert. Es ist ein kleiner, chirurgischer Eingriff, nichts „Großes", Routinesache. Übrig sind am Ende eine Naht von 2–3 Stichen in der Handinnenfläche. Ich mühe mich also redlich und weiß, dass in 2–3 Wochen wieder alles gut ist. Dann kann ich wieder Fahrradfahren, Autofahren, schreiben, Lappen auswringen und Gläser öffnen. Doch jetzt bräuchte ich wirklich für 1000 Dinge im Alltag dringend meine rechte Hand. Wir Menschen haben zwei dieser wunderbaren Werkzeuge mit auf die Welt gebracht. Ein „Starterset" sozusagen von Anfang an, denn eines der ersten Dinge, die ein Baby lernt, ist zu greifen. Mit den kleinen Händchen ertasten sie ihre Welt. Wussten Sie, verehrte Leser und Leserinnen, dass die menschliche Hand aus 27 Knochen,

36 Gelenken, 39 Muskeln und 4 Bändern pro Finger besteht? Unsere Hände sind etwas so Phantastisches, durch keine Hightechmedizin, elektronisch gesteuerte Prothesen oder andere sensationelle Entwicklungen zu ersetzen.

Unser Freund Wolfgang erfährt den Verlust seiner rechten Hand und des Unterarmes leidvoll seit nunmehr über 20 Jahren. Als Chemiker überlebte er eine schwere Explosion in seinem Labor. Er konnte gerettet werden, Gott sei Dank. Seine Forschungen, Versuchsreihen, eigentlich all seine wissenschaftlichen Arbeiten jedoch waren verloren. Er kämpfte sich zurück ins Leben. Verschiedene Prothesen, für bestimmte Tätigkeiten, helfen ihm dabei sehr. Seit langem nun, inzwischen als Rentner, liegt sein Focus auf anderen Themen als der Wissenschaft. Was er meistert – trotz alledem, ist bewundernswert.

Als ich nun mit meiner kleinen, zeitweisen Einschränkung zurechtkommen musste, habe ich wieder einmal erfahren, was für ein Geschenk zwei gesunde Hände sind. Hand oder Hände, sie sind Symbole und Zeichen.

Für uns Menschen sind sie, ähnlich wie das Herz, etwas Besonderes.

Man sagt ja auch „mit Herz und Hand". Es gibt Menschen, die haben „goldene Hände". Sie können vieles, denen gelingt alles. Ich denke an Musik, Malerei, Kunst, Literatur, sogar Politik und Handel und an die Religion, überall spielen Hände eine Rolle. Ein Beispiel nur möchte ich nennen. Wer kennt sie nicht, die „betenden Hände" von Albrecht Dürer? In allen Bereichen unseres Lebens kann die Hand ein verbindendes Element gleich einer Brücke sein.

Leider können sie auch zur Faust geballt und so zur Waffe für den Stärkeren werden. Dann verursachen sie Schmerzen oder sogar den Tod.

Die Gebrauchsanleitung unserer Hände sollte aber das Gute, Tröstliche sein. Sie ermöglichen uns zu lieben und zu heilen, Wärme zu spenden und zu helfen. Wie wohltuend ist es, die Hand eines lieben Menschen zu spüren.

Das wünsche ich Ihnen und uns allen sehr.

Margrit Prauß, Juni 2024

Schön - Sein

In den achtziger Jahren kam die Farbberatung in Mode.
Ich weiß nicht mehr, wie ich dahin geriet, und wo und wann
ich da plötzlich bei einer Beratung saß.

Die persönliche Farbberatung basiert auf dem Buch „Color
Me Beautiful", was 1980 veröffentlicht wurde.
Die Farbberatung sollte das optische Erscheinungsbild ei-
nes Menschen, bevorzugt einer Frau, verbessern. Angeblich
sollte man erleben, welche Farben die eigene Haut gesund
aussehen und einen so frisch und strahlend wirken lässt.

Es wurde intensiv meine Haut an den Handgelenken, da wo
man den Puls misst, angeschaut, meine Zähne und meine
Haare bzw. der Haaransatz farblich begutachtet. Es stellte
sich heraus, dass ich ein Frühlingstyp bin - könnte manch-
mal auch zu einem Herbsttyp neigen. Schwarze und klar
weiße Farben hatte ich in meiner Kleidungsaufstellung zu
meiden! Zuvor zog ich sehr gerne schwarze und weiße Klei-
dung an, denn wenn ich braun gebrannt aus dem Urlaub
kam, stand mir das ausgezeichnet... fand ich! Nun also war
das nicht mehr angesagt!
Ich erhielt zwei Farbtafeln, die ich von Stund an immer in
meiner Handtasche bei mir trug. Nebenbei bemerkt waren

auf den unterschiedlichen Farbtafeln die Rots und Blaus und Grüns recht unterschiedlich für einen Frühlingstyp, und ich musste mich entscheiden, welcher Farbtafel ich bei einem Kauf folgen wollte.

Aber insgesamt machte es Spaß, mehr auf sich und seine Bekleidung zu achten. So ging man selbstbewusster und aufmerksamer durch die Mode – Welt.

Ich fühlte mich gut!

Aber eines fehlte noch: Es musste auch der Haarschnitt erneuert werden! Ich trug stets Locken mit ein paar aufhellenden Strähnchen darin. Es stand mir gut... aber natürlich muss Frau sich auch mal verändern.

Ich beschloss, zu Udo Walz zu gehen!

Udo Walz!

Wer kennt – oder kannte – nicht Udo Walz!?!

Das war ein Frisör, der dadurch bekannt wurde, dass er Prominente behandelte und verschönerte, und er war öfter mal im Fernsehen bei Talkshows oder Interviews zu sehen.

Er hatte einen Frisörladen am Kurfürsten Damm eröffnet, später las ich, dass es noch mehr Geschäfte von ihm gab, in Berlin und auch in anderen Städten.

Dass dort die Preise bestimmt höher als in anderen Frisörläden liegen würden, war mir schon klar, aber ich wagte den Gang dorthin trotzdem.

Ich werde nie vergessen, was das für ein Gefühl war, den Salon zu betreten!

Es war merkwürdig, ich fühlte mich sofort schon besser, schöner und attraktiver dort als vorher.

War es das Licht, die Spiegel, die Bedienung? All das weiß ich nicht und kann es nicht erklären.

Natürlich wurde ich nicht vom Maestro empfangen, sondern von einem seiner vielen netten Angestellten, der mich sehr zuvorkommend begrüßte und mich nach meinen Wünschen fragte.

Er leitete mich eine Treppe höher – also blieb nicht in dem großen Raum – zu einem kleineren Kabinett, und als er mir den Stuhl zurechtrückte und mir den Platz sehr höflich anbot, setzte ich mich nun doch schon ein bisschen aufgeregter und ließ mein Haar begutachten.

Der Frisör strich mir durch die Haare, hob hier und da eine Strähne mal zur Seite hinter das Ohr, mal ins Gesicht und spielte mit verschiedenen Varianten, die eine neue Frisur werden könnten. Von Locken riet er mir energisch ab. Das würde man hier bei Udo Walz nicht machen; das sei nicht gut für die Haare, und ein guter Schnitt mit glattem Haar sei auch viel effektiver und wirkungsvoller.

Ich ließ ihn gewähren und gab mich der Atmosphäre dieses berühmten Geschäftes ganz und gar hin.

Als das Werk vollendet war, er mir mit einem Handspiegel die Frisur von allen Seiten zeigte, war ich begeistert! Der

Preis spielte keine Rolle mehr! Ich fühlte mich wunderschön, und das zählte!

Als ich dann auf den Ku-Damm trat, war ich ein bisschen ratlos. Ich hatte keine Verabredung getroffen, so dass es niemanden gab, dem ich mich sofort so schön präsentieren konnte. Wie schade!

Kurzer Hand beschloss ich den Ku-Damm als Flaniermeile zu nutzen und mich all den Fremden zu zeigen!

Ich schlenderte stolz und strahlend und bestimmt sehr aufrecht an all den schönen Schaufenstern entlang und lächelte den einen oder anderen Spaziergänger an.

Das Lächeln, das ich von vielen gespiegelt bekam, zeigte mir, dass ich offensichtlich mein Glücklichsein über meine neue Frisur ausstrahlte und auf andere ansteckend wirkte.

Mein Resümee:

Sich schön fühlen ist schön sein!

Hanne Pluns, September 2024

Meine Tante - Deine Tante - Oder?

Fast jeder hat eine Tante – oder mehrere. Auch wir. Aus meiner Kindheit kann ich mich an die Tante Martha, die war eine Großtante, und die Tante Hedda, erinnern. Letztere wurde von meinem Onkel mit Tante Ruth ausgetauscht, dann gab es noch Tante Erna. Die war mir die liebste Tante. Doch daraus wurde auch nichts, da mein Onkel, der sie heiraten wollte, vorher für Volk und Vaterland irgendwo in Russland beerdigt wurde.

Durch meine zwei Ehen kamen noch ein paar Tanten dazu. Die hinterließen keinen größeren Eindruck oder sind besser nicht zu erwähnen. Aber dann gab es auf einmal Tante Lilo. Ja – ja Tante Lilo hatte was zu bedeuten und brachte meinen Mann und mich, wenn jemand fragte wie wir verwandt wären, in Erklärungsnot. Es ist eben manchmal nicht so einfach mit der Wahrheit Verständnis zu finden. Am besten ich fange mit dem Anfang meiner Beziehung zu Tante Lilo an. Mit zwanzig heiratete ich den Mann, den ich für die Erfüllung meines Lebens hielt. Allerdings mochte er seine Mutter nicht besonders gut leiden, da sie ihn wohl oft verprügelt hatte. War damit natürlich auch ein Grund für mich, sie nicht gleich gut zu mögen. Ein paar gute Ehejahre vergingen und meine

Schwiegermutter war, dass muss man sagen, immer neutral und mischte sich nie in unser Eheleben ein. Ich erfuhr dann, dass sie ein sehr schweres Leben gehabt hat. Mein Mann kam als uneheliches Kind im jugendlichen Alter seiner Mutter in einer Zeit, in der es das Schlimmste war, was einem Mädchen passieren konnte, zur Welt. Mein Mann hatte seiner Mutter im wahrsten Sinne des Wortes, die Jugend versaut. Bestimmt gab es da öfter Ausraster, doch muss man sagen, dass sie alles was für sie möglich war, für ihren Sohn getan hat.

Nach dieser Erkenntnis habe ich lange mit meinem Mann darüber gesprochen. Hätte nie gedacht, dass er so stur sein konnte. Muss aber ehrlicher Weise sagen, dass ich auch nicht das Recht habe, darüber zu urteilen. Persönlich habe ich das Verhalten zu meiner Schwiegermutter doch verändert. Da kam die Erziehung durch meine Mutter zum Tragen. Sie hatte uns Kindern immer gesagt, dass wir, ehe wir über andere urteilen, uns in deren Lage versetzen sollten. Bei mir hat das offensichtlich gewirkt.

Es vergingen einige glückliche Ehejahre. Wir hatten eine Wohnung, Hunde, einen Wellensittich. War alles super. Mein Mann lernte auf dem Wege der Umschulung einen zweiten Beruf. Durch seine Arbeit lernte er einen Schriftsteller kennen. Wir haben uns sehr gut mit ihm und seinen Leuten verstanden. Doch dann vermittelte er meinem Mann eine gute Arbeit bei der DEFA. Der dort gepflegte Umgangs-Stil entsprach nicht meinen Vorstellungen. So war es dann kein Wunder, dass unsere Ehe das kritische siebente Jahr nicht überstand. Wir haben uns im Guten getrennt, was bei der Scheidungsrichterin nicht gut ankam. Vielleicht fand sie „schmutzige Wäsche waschen" interessanter.

Alleine blieben wir beide nicht. Doch dann stand eines Tages meine Ex-Schwiegermutter vor der Tür. Sie wollte mich und auch meinen neuen Ehegatten sprechen. Mein Mann sagte trocken: Warum nicht. Du warst ja mit ihm und nicht mit ihr verheiratet. Bei einer Tasse Kaffee fragte sie dann, ob sie nicht weiter zu mir kommen könnte, da wir uns ja gut verstanden hätten, was mit ihrer Verwandtschaft nicht immer so war. Ich hatte nichts dagegen, zumal sie auch während der Scheidung stets zu mir gestanden hatte. Mein Mann hatte auch nichts einzuwenden. So kam sie uns dann oft besuchen und hat auch viel geholfen.

Doch da gab es eine Schwierigkeit. Ich hatte ja nun zwei Schwiegermütter. Die Mutter meines Mannes war der Typ - alles was nicht gut gelaufen ist - muss weg. Aus jedem Bild wurde die Ex meines Mannes rausgeschnitten. Mein Mann warf dann den Rest weg, so dass es kaum ein Familienalbum gab. Nur die Oma, die Mutter meiner Schwiegermutter, konnte ein paar Bilder retten. Die war nämlich im Gegensatz zu ihrer Tochter, eine weltoffene Frau.

Eines Tages kam dann das Malheur. Meine Schwiegermutter saß mit uns am Kaffeetisch, als es am Gartentor klingelte.

Meine Exschwiegermutter. Was nun? Beide Schwiegermütter an einem Tisch? Das konnte nicht gut gehen. Blitzartig entstand dann die Lösung des Problems. Ich erklärte meiner Exschwiegermutter, dass meine neue Schwiegermutter im Zimmer am Tisch saß, und legte fest: „Ab heute bist Du Tante Lilo!" Meinem dazukommenden Mann konnte ich es noch schnell erklären. Dann gingen wir in das Haus und stellten meiner Schwiegermutter die „Tante Lilo" vor. Die beiden Damen verstanden sich bestens. Nur ich kam in Erklärungsnot bei der Frage nach dem Verwandtschaftsverhältnis.

Jahrzehnte lang ist es dann so geblieben. Tante Lilo war ein festes Glied unserer Familie geworden. Sie hatte natürlich immer Verbindung zu ihrem Sohn und versorgte ihn. Auch gegen seinen Willen. Ihr Lebensmittelpunkt war aber meine Familie. Ich war leider sehr oft krank und wurde dann von beiden Damen gut gepflegt. Als dann mein Sohn geboren wurde, waren meine Schwiegermutter, Oma Emma und Tante Lilo glücklich. Glücklich war auch die Mutter von Oma Emma, dass sie noch Uroma geworden war. Da erfuhren wir dann, dass Uroma von Anfang an wusste, wer Tante Lilo war. Sie hat es aber ihrer Tochter nie erzählt. Sie war eine tolle Uroma und wir waren alle sehr traurig, als sie uns für immer verlassen hat.

Tante Lilo hat uns aber noch lange begleitet. Auch nach dem Tod von Oma Emma war sie für unsere Familie immer da. Das war manchmal nicht ganz einfach, da sie bei unserem

Sohn Erziehungsmethoden durchsetzen wollte, die für uns Eltern tabu waren. Als unser Sohn heiratete, war sie auch bei der Feier dabei. Es war das Letzte was sie für unsere Familie tat. Sie hatte wohl nur noch für diesen Moment gelebt. Nicht ganz zwei Wochen später starb sie an Leukämie. Da ihr Sohn in ihren letzten Tagen sehr unangenehm war, habe ich ihren letzten Weg organisiert. Es war das Letzte womit ich unserer "Tante Lilo" für ihre jahrelange treue Zuwendung danken konnte.

Eva Maria Kluck, 2024

Fußball 2024

Europameister wollen wir sein,
auch all die anderen spielen recht fein.
Von Hamburg bis München die Fahnen wehn,
Hymnen erklingen patriotisch und schön.
In Stadien die Geschichte tragen, elf Kämpfer,
die alles geben, nicht fragen.
Sie stürmen nach vorn, das Tor schon ganz nah,
doch der Ball ist weg, bevor man sich versah.
Sieg und Pein, mal so und mal so,
„Fair Play"
ist der Slogan für Mannschaft und Co.
Der Pokal als Belohnung wird überreicht,
man ist nun Sieger.
Das ist die Hoffnung und in 4 Jahren treffen sich
alle dann wieder.
Bis dahin ist's auch mal gut.
Wir drücken die Daumen,
machen Euch Mut.
Fußball – hohe Kunst im großen Turnier.
Deine vielen Fans sind die Bühne dafür.
Erinnerungen, die nicht vergehen,
wenn schwarz – rot – goldene Fahnen dann wehn.

Margrit Prauß, Juni 2024

Schade!

Es ist vorbei, das Spiel ist aus
und leider müssen die Deutschen nach Haus.
Ein Quäntchen Glück hat gefehlt, ihr wart nicht schlecht.
Stolz und „Wirgefühl" im Land gaben Euch Recht.
Der Ball rollt weiter im Osten und im Westen –
Kopf hoch,
ihr gehört <u>trotzdem</u> zu den Besten.

Margrit Prauß, Juli 2024

Gereimte Kindheitsgeschichten

Nicht nur Glück, wenn man noch klein,
die jüngste der Geschwister zu sein.
Der große Bruder und zwei Schwestern:
Erinnerung, als war es gestern.

Die Mutti nähte Kleider fein,
wir Mädels sollten hübsch stets sein.
Wenn Rock und Kleider gut gelungen,
hat man getanzt und froh gesungen.

Die beiden Großen hatten Glück:
der Stoff war reichlich da pro Stück.
Das dritte Kleidchen – welch ein Leid –
halb so nett für mich kleinste Maid.

Und zum Ärger in den Jahren
hab' ich Kleine bald erfahren,
dass man Kleider „erben" kann,
muss sie tragen irgendwann.

Der Bruder brachte stolz mir bei,
wie es mit dem Radfahren sei.
Lenken, treten, Gleichgewicht,
nein – so einfach war es nicht.

Das Fahrrad war so riesengroß:
ach, wie bremse ich es bloß?
Halt, nicht zum Zaun, du böses Rad!
Plumps – nahm ich im Sand ein Bad!

Nicht so schlimm, man lernt geschwind,
ist man doch ein schlaues Kind.
Eins-zwei-drei im Sauseschritt
fährt das Rad und ich fahr' mit.

In den späteren Jahren mal
passierte ein Unfall in dem Stall,
wo die Hühner alle wohnten,
auf der Stange oben thronten.

Meine Schwester Nummer zwei
sollte schau'n, ob wohl ein Ei
ins Nest gelegt hat jedes Huhn,
das sollten sie doch täglich tun.

Sie sprang von oben dann herab,
schaute nicht, ob es was gab,
das im Wege konnte sein
und trat ins Hackebeil hinein.

Oh wie schrecklich, was geschah,
sie war einer Ohnmacht nah!
Der Schnitt die Fußsohle zerteilte,
unsre Mutti schnellstens eilte,
die schlimme Wunde zu verbinden,
Wegerichblätter rasch zu finden.

Damit heilt man Wunden gut,
nimmt den Schmerz und stillt das Blut.
Die arme Schwester musste leiden,
war nun die schwächste von uns beiden.

Lange sie nicht laufen kann.
Im Handwagen zog ich sie dann
von einem Ort zum andern,
bis sie konnte wieder wandern.

So bleibt Erinnerung an manche Sachen,
die uns einst zu schaffen machten.
Es gab bei uns im Hühnerstall
Ratten wie fast überall.

Ein Quieken meine Neugier weckte,
stieg auf die Leiter und entdeckte:
im Stroh ein Nest mit winzig kleinen,
rosigen Tierchen mit Schwänzchen, vier Beinen.

Ihr glaubt es nicht, was dann geschah:
ich zog herunter diese Schar.
Sie purzelten zu mir hinunter,
trotz des Sturzes ziemlich munter.

Geschwind in meinem Puppenwagen
bald die kleinen Babys lagen.
Die Mutti voll Entsetzen war,
als sie die Rattenkinder sah.

Ergriff sie schnell und trug sie fort,
brachte sie an einen Ort,
wo ich sie nicht wiedersah,
nicht erfuhr, was dort geschah.

Meine Mutti warnte mich:
„Die Ratte konnte beißen dich,
weil du ihre Kinder holtest,
die zum Spielen du nur wolltest!"

Diese Worte wogen schwer,
ich versprach: „Ich mach's nie mehr!"
Was von den Erinnerungen blieb:
GESCHICHTEN – DIE DAS LEBEN SCHRIEB.

Hannelore Wolf, Februar 2024

Ein denkwürdiges Ereignis –
„Glück gehabt?"

„Weißt Du", sagte ich etwas verwundert zu meinem Mann, „dass unsere Schwägerin" – und hier meinte ich die Frau meines ältesten Bruders – „in diesem Frühjahr schon 30 Jahre tot ist?" Er hielt kurz inne und antwortete etwas verdutzt: „Wahnsinn, wie schnell doch die Zeit vergeht!" Ja, dachte ich, wie schnell die Zeit vergangen ist. Dabei ist alles noch so allgegenwärtig. Meine Schwägerin war eine selbstbewusste, emanzipierte junge Frau, von Beruf Krankenschwester. Sie lebte zusammen mit meinem Bruder und ihren drei Kindern in Schwerin. Sie erkrankte Ende der 80er Jahre an Leukämie. Sie kämpfte gegen diese Krankheit an, wollte sie unbedingt besiegen, um auch weiterhin für ihre noch sehr jungen Kinder da zu sein. Manchmal, so schien es, dass sie es schaffen könnte – Hoffnung keimte auf. Doch diese bösartige Krankheit war am Ende stärker als sie, sodass sie nach etwa 6jährigem Kampf im April 1994, im Alter von 41 Jahren, verstarb.

Wie konnte sie an Leukämie erkranken? Diese Frage stellten wir uns immer und immer wieder. Eine erbliche Veranlagung konnte in ihrer Familie über viele Generationen hinweg nicht nachgewiesen werden. Auch ein Langzeitkontakt mit radioaktiven Substanzen im Krankenhaus war ausgeschlossen. Was konnte also die Ursache sein? War es einfach eine „Laune der Natur"? Es muss doch einen Kontakt mit radioaktiver Strahlung gegeben haben, darüber waren wir uns einig. Niemand wusste, wann und wo, denn radioaktive Strahlung ist für uns nicht fassbar, weil wir sie nicht sehen, schmecken oder riechen können. Und es gibt keine Leukämie oder auch Tumorerkrankung, wenn sie durch solche Tod-bringenden Strahlen entstehen, die einen Code in sich haben, der über die Ursprungsquelle der Strahlung informiert. In unseren Gedanken manifestierte sich der vor wenigen Jahren stattgefundene Reaktorunfall in Tschernobyl. Könnte doch sein, dass sie hier Schaden genommen hatte und krank wurde...?

Wie habe ich diesen Super-GAU von Tschernobyl wahrgenommen?
Zwei Tage nach dem Ereignis: Mein Mann und ich schauten die Spätnachrichten im Westfernsehen. Hier wurde darüber berichtet, dass in Skandinavien ungewöhnlich hohe radioaktive Strahlenwerte gemessen wurden und dass sowjetische Behörden "einen Unfall im Kernkraftwerk von Tschernobyl" eingeräumt hätten, dieser sei bereits am 26. April 1986 geschehen. Wir waren geschockt.
Bis zu diesem Zeitpunkt war uns „Tschernobyl" - eine Stadt in der westlichen Sowjetunion - kein Begriff. Für uns war dieser Unfallort zunächst ganz weit weg. Dennoch stellten

wir uns Fragen: Könnten sich bei uns die Strahlungswerte auch erhöht haben, wenn schon in Skandinavien alarmiert wird? Welche Konsequenzen ergeben sich für uns, für unsere Kinder? Ist eine Gefährdung der Bevölkerung "absolut auszuschließen", wie es noch an diesem Abend von Politikern der Bundesrepublik hieß? Wobei diese Aussage bereits am nächsten Tag von Atomphysikern der BRD mit Nachdruck widerlegt wurde.

Diese Zeit war für uns sehr emotional. Einerseits durch die vielen Informationen von westlichen Medien, die zum Handeln aufriefen, und andererseits durch das Schweigen der DDR-Behörden, die uns lähmten und zum Nichts-Tun verdammten. Die Entscheidung, ob „richtig oder falsch" wurde zu einer Systemfrage und wir waren mittendrin. Wir waren besorgt und mit der Situation völlig überfordert. Wir konnten oder wollten es nicht wahrhaben, dass so eine Katastrophe wie diese überhaupt eintreten konnte. Zu allem Unglück kam auch noch Pech dazu: Es stellte sich im Osten eine stabile Großwetterlage ein, die mit starken Nordost- und Ostwinden einherging. Dadurch konnte eine radioaktive Wolke bis nach Westeuropa hinwegziehen. Somit waren die Bundesrepublik und DDR gleichermaßen betroffen.
Wir hofften nur, dass die DDR-Behörden uns über die Auswirkungen informieren würden, sollte sich für uns eine gesundheitsgefährdete Situation ergeben - doch, es blieb still.

Wir wunderten uns, dass auf der anderen Seite der Mauer – etwa ein Kilometer Luftlinie von uns entfernt, im damaligen West-Berlin – dieser Reaktor-Unfall als Katastrophe eingestuft wurde. Spielplätze für die Kinder geschlossen wurden, Bauern empfohlen wurde, ihr verstrahltes Gemüse unterzupflügen und auch Milch nicht in den Umlauf zu bringen sowie viele weitere Verhaltens-Empfehlungen gegeben wurden. Unsere DDR-Regierung schwieg. Im Gegenteil, sämtliche Spielplätze in unseren Kindereinrichtungen blieben weiterhin geöffnet, auch wurden Gemüse und Milch weiterhin angeboten, als wäre nichts passiert. Uns wurde etwas später von staatlicher Seite lapidar mitgeteilt, dass die Strahlenwerte kurzfristig angestiegen seien und sie sich wieder auf "niedrigem Niveau" stabilisiert hätten. Uns wurde einfach verschwiegen, dass die Strahlenwerte – wie wir später erfuhren – 100mal höher lagen als vor der Katastrophe. Das war für uns eine so unfassbare und skurrile Situation. Wie soll man da einem Staat vertrauen, der uns in einer besorgniserregenden Lage einfach „im Dunkeln sitzen" ließ, nach dem Motto: „Was nicht sein kann, nicht sein darf?" Dies machte uns sehr wütend.

Als wäre dies nicht schon genug, ging es mit diesen „Praktiken" in der DDR weiter, was uns vollends befremdete. Wenige Tage nach dem Reaktor-Unglück startete die Friedensfahrt – das Pendant der „Tour de France" im Osten. Gerade in diesem Jahr sollte sie mit einer Kiew-Rundfahrt starten. Kiew liegt etwa 100 Kilometer von Tschernobyl entfernt. Normalerweise erwarteten wir, dass die DDR ihre Teilnahme absagt, oder zu mindestens nicht von Kiew aus startet - doch weit gefehlt. Wir konnten uns das nur so erklären, dass es einen partei-politischen Beschluss gegeben haben muss, den die Funktionäre des Deutschen Turn- und Sportbundes umzusetzen hatten, indem ein Zeichen gesetzt werden sollte, dass „keine Gefahr besteht!" Unsere jungen Radfahrer hatten wohl eine Wahl, aber keine Alternative. Hätten sie ihre Teilnahmen abgelehnt, wäre womöglich ihre sportliche Laufbahn beendet gewesen. Wir konnten es nicht glauben, wie unmenschlich und fahrlässig die DDR mit der Gesundheit unserer Sportler umgegangen ist, auch ungeachtet dessen, dass deren Familienangehörige in größter Sorge waren. Was niemand vorhersehen konnte, war der glückliche Umstand, dass zum Zeitpunkt der Kiew-Rundfahrt sich eine günstige Wetterlage einstellte: der Wind wehte aus Norden. Kiew blieb somit von einer radioaktiven Wolke verschont. Insofern hatten unsere Jungs „Glück gehabt!"

In Deutschland sah es dagegen anders aus. Fast jede Region war betroffen. Die Böden haben sich in einigen Regionen von Deutschland bis heute noch nicht vollständig von der radioaktiven Belastung erholt. Hier sind immer noch Wildtiere, Waldbeeren und Pilze teilweise hoch belastet.

Besonders betroffen waren vor allem Bayern und Teile von Baden-Württemberg, weil es dort Anfang Mai 1986 besonders heftig regnete und die radioaktiven Stoffe aus der Atmosphäre ausgewaschen wurden.

Die Kontaminationen vom Reaktor-Unfall in Tschernobyl wurden in Deutschland nicht hinreichend dokumentiert, sodass deren Auswirkungen im Bereich der Spekulation bleiben. Insofern kann es doch sein, dass meine Schwägerin durch unglückliche Umstände und ungewollten Kontakt mit radioaktiven Stoffen an Leukämie erkrankte und daran vor 30 Jahren verstarb. Sie hatte einfach „kein Glück gehabt!"

Christiane Eisold, Februar 2024

Fragen

Ist Schweigen Stille
Ist Nicht-Reden Ruhe

Ist Abwarten Geduld
Ist Aushalten schon Annehmen
Ist Begegnung Kontakt

Ist Helligkeit Licht
Und Dunkel die Nacht

Ist Wissen denn Weisheit
Und Verstehen auch Liebe

Ist Loslassen Weitsicht
Und Festhalten falsch

Ist Sterben unvermeidlich
Und Leben nur Glück

Hanne Pluns, 2006

Drei sehr verschiedene Hochzeiten

Gestern war unser 42. Hochzeitstag. Aus diesem Anlass haben wir uns Bilder aus dieser Zeit angeschaut und unsere Erinnerungen aufgefrischt. Natürlich waren dabei auch die Hochzeiten unserer beiden Töchter Thema.

Die Hochzeit meiner älteren Tochter liegt auch schon über 17 Jahre zurück. Ich muss an die intensive Vorbereitungszeit denken, in der sie liebevoll viele Kleinigkeiten anfertigte, die das Fest im Schlosshotel Hubertushöhe zu einem für uns einmaligen Event werden ließen. Angefangen mit handgeschriebenen Tischkärtchen, über die stimmige Dekoration bis hin zu kleinen Geschenkkörbchen in den Zimmern der Gäste. Die Speisen und Getränke waren perfekt ausgesucht und selbst ein bekannter Starfriseur aus Berlin durfte für die Braut nicht fehlen. Die Trauung und die komplette Feier fanden bei herrlichem Sommerwetter auf diesem Anwesen statt. Der Personenkreis beschränkte sich auf die engsten Familienmitglieder und einige Freunde. Wie sagt man – „Klein aber fein!" – an diesem Tag passte einfach alles.

Zwei Jahre später heiratete unsere jüngere Tochter im Kreise der Familie und mit sehr vielen Freunden aus der gemeinsamen Studentenzeit. Die Freunde gestalteten das vielseitige und abwechslungsreiche Abendprogramm. Unsere Tochter und ihr Mann gehörten zu den ersten Ehepaaren in diesem

Kreis. Es war für uns toll mit anzusehen, wie ihnen jeder der Gäste eine Freude machen wollte. Ein Höhepunkt war dabei die Uraufführung eines extra für das Brautpaar geschriebenen Liedes, das nun vielstimmig und mit Begeisterung vorgetragen wurde. Bei dieser Hochzeit sollte möglichst keiner der Freunde fehlen, so dass ca. 75 Personen bei toller Stimmung bis in die Morgenstunden feierten.

Die Hochzeit mit meinem zweiten Mann ist mit denen unserer Töchter überhaupt nicht vergleichbar.

Nach einer gescheiterten Ehe beschloss ich einen Neustart, um später dann auch den Kinderwunsch meines Zukünftigen zu erfüllen. Dafür wurden mir allerdings Probleme prophezeit. Darin sahen wir keinen Nachteil, denn wir wollten erst einmal ein Jahr zu dritt verbringen.

„Wer Pläne macht wird ausgelacht!" – schon sechs Monate nachdem mein damaliger Freund zu uns gezogen war, machte sich unser Baby auf den Weg. Meine 12jährige Tochter konnte die Bezeichnung „der Freund meiner Mutter" nicht ausstehen und der zukünftige Papa wollte natürlich, dass sein Kind auch seinen Familiennamen trägt. So beschlossen wir am Weihnachtsabend, am Freitag vor den kommenden Winterferien zu heiraten. So konnten wir anschließend mit der großen Tochter die Hochzeitsreise antreten und nach den Ferien sollte sie mit unserem gemeinsamen Familiennamen wieder in die Schule gehen.

Goldene Eheringe waren damals keine Selbstverständlichkeit. Wer kein Altgold abzugeben hatte, konnte es gegen Vorlage der Anmeldung auf dem Standesamt in einem Berliner Geschäft versuchen. Wir hatten Glück, jedoch konnten wir keinen Ring aussuchen, denn das Motto lautete: „Den oder keinen." Später trafen wir eine Bekannte mit dem gleichen Ring. Sie hatten am selben Tag wie wir geheiratet.

Da wir unbedingt am Freitag, dem 6. Februar heiraten wollten und alle Termine schon vergeben waren, erklärte sich die Standesbeamtin bereit, uns vor der ersten für 9 Uhr geplanten Trauung zu vermählen. Somit mussten wir bereits um 8:30 Uhr morgens auf dem Potsdamer Standesamt sein. Dem bestellten Fotografen war das offensichtlich viel zu früh. Er kam einfach nicht – so gibt es von uns leider keine Hochzeitsfotos. Trotzdem gaben wir uns im Beisein unserer Eltern und Geschwister das Ja-Wort. Einige weitere Gäste waren zum Mittagessen und Kaffeetrinken in eine Gaststätte eingeladen.

Am Abend packten wir dann schnell die Koffer für die bevorstehende Urlaubsreise in ein FDGB-Heim nach Klein Labenz. Unsere Feier und die anschließende Reise hatten keine Ähnlichkeit mit den Hochzeiten unserer Töchter. Doch für uns war das in Ordnung. Wir waren gut gelaunt, glücklich und freuten uns auf die gemeinsame Zukunft.

Unsere „Hochzeits-Suite" bestand aus einem Dreibettzimmer in einem hellhörigen, sehr einfach eingerichteten Bettenhaus in Containerbauweise. Im Zimmer gab es immerhin ein Waschbecken. Die Toilette befand sich auf dem Flur. Der mitgebrachte Brautstrauß auf dem Fensterbrett erinnerte aber an unseren großen Tag.

Bei einem unserer vielen Spaziergänge in der ländlichen Gegend entdeckte ich in einem „Gemischtwarenladen" meinen Traumkinderwagen, einen Kombiwagen aus dunkelbraunem Kord mit herausnehmbarer Tragetasche, der auch später als Sportwagen genutzt werden konnte. Zu Hause hätte so ein gutes Stück nie länger als eine Stunde im Laden gestanden, aber in diesem Dorf interessierte sich zum Glück keiner dafür. Für mein erstes Kind bekam ich damals einen gebrauchten Kinderwagen geschenkt, aber jetzt sollte er besonders schön und auch praktisch sein. Zwischen Aberglauben und Wunsch hin und her gerissen, kauften wir am dritten Tag den Kinderwagen und schmückten damit für die verbleibenden Tage unser Zimmer. Damit er nicht so nutzlos herumstand, schlief fortan das Kuscheltier der Tochter im Kinderwagen. Drei völlig verschiedene Hochzeiten und doch denke ich an alle drei gerne zurück.

Evelyn Barucker, 7. Februar 2024

Un regalo - ein Geschenk

Unser Sohn, unser zweiter, war schon als er noch klein war, auf eine ganz besondere Art unbekümmert.

Er tat die Dinge so, wie er sie für richtig hielt. Als er ca. vier Jahre alt war, wollte er ein Röckchen anziehen, und ich sollte ihm Zöpfchen binden. Er hatte überhaupt keine Scheu, so nach draußen zu den anderen Kindern zu gehen.

Er wählte sich auch Sachen zum Anziehen aus, die ich nicht passend fand, ließ ihn aber gewähren. So kombinierte er Geblümtes mit Kariertem. Er fand es hübsch, und das war die Hauptsache.

Als er dann in die Vorklasse kam und er den kurzen Weg zur Schule schon alleine gehen durfte, kam er hin und wieder zu spät, weil er unterwegs einen interessanten Käfer entdeckt hatte und den ja erst einmal genau untersuchen musste. Gott sei Dank hatte er eine verständnisvolle Vorklassenleiterin, die ihn mochte und ihn in seiner Art akzeptierte. So erzählte sie mir u.a., dass er während der Schulzeit, als die Kinder etwas am Tisch erledigen sollten, damit beschäftigt war, seinen einen Schuh zu suchen. Er hatte ihn ausgezogen und irgendwo im Raum liegengelassen. Es kam auch vor, dass er mit zwei verschiedenen Socken losging. Für ihn war das o.k., und er wollte auch nichts ändern, wenn ich ihn darauf hinwies.

Ich erinnere mich, dass ich mich bei Bastelaufgaben oder Ausmalarbeiten, die die Kinder zu Hause erledigen sollten, manchmal helfend einmischte und wunderte mich dann, dass er die Lust an der Arbeit verlor. Das hatte ich falsch eingeschätzt. Er hatte den Willen und die Absicht, die Dinge allein bewältigen zu wollen.

Nach der Vorklasse bekam er eine tolle Lehrerin, die versuchte, die ihr anvertrauten Kinder jedes in seiner Art zu betreuen und zu unterstützen.
Bei ihr entwickelte unser Jüngster die Lust am Erzählen und Schreiben, Rechtschreibfehler spielten dabei keine große Rolle! Diese Lehrerin bewertete die Rechtschreibung nicht so stark, es kam ihr darauf an, die kreativen Gedanken zu fördern. Unser Sohn hatte später mit der Rechtschreibung – besonders mit der Groß- und Kleinschreibung – so seine Probleme. Er behalf sich aber dabei kreativ: Er schrieb einfach alles mir großen Druckbuchstaben und entwickelte im Laufe der Zeit dabei eine große Geschwindigkeit, jedenfalls war er nicht langsamer als wenn er in Schreibschrift geschrieben hätte.
Dieser Sohn tat alles auf seine eigene Art. So erzählte er einmal, dass er in der 5. oder 6. Klasse einen Lehrer hatte, der sich nicht durchsetzen konnte. In der Klasse ging es drunter und drüber – im Wort wörtlichsten Sinn: Die Kinder unterhielten sich kreuz und quer, steckten sich Zettelchen

zu, warfen mit Papierkügelchen oder mit gefalteten Papierflugzeugen. Da der Stoff des Unterrichts aber unseren Sohn interessierte – war es Mathematik?, ich weiß es nicht mehr genau – unterhielt sich unser Junge über die Köpfe der anderen hinweg mit dem Lehrer, der seinerseits froh war, dass überhaupt jemand zuhörte. Unserem Sohn war es egal, ob die anderen das komisch fanden, dass er sich nicht an ihrem Unfug und Chaos beteiligte, sondern interessiert Fragen oder Antworten – je nachdem – stellte.

Als er später zum Gymnasium ging, kam er in eine Klasse, die schon von der Grundschule her zusammengesetzt war. Wir waren umgezogen, so dass unsere Söhne sich auch neu orientieren mussten.

Auch in dieser Klasse wurde viel Unfug betrieben – so sperrte die Klasse einmal ihren Mathematiklehrer im Klassenraum ein – unser Sohn musste sich entscheiden: mitmachen oder Außenseiter werden. Ein Gespräch mit seinem Klassenlehrer machte uns seine Situation klar.

In der 10. Klasse dann entschloss sich unser Sohn für ein Jahr nach Amerika zu gehen – er hatte seine Wahl getroffen. Indirekt hatte er sich entschieden aus der Klassengemeinschaft auszutreten.

Die Zeit in Amerika war für ihn nicht leicht. Er war in eine Familie gekommen, die viele eigene Probleme hatte. Einen Wechsel wollte er nicht vornehmen, was er gedurft hätte.

Damals gab es keine Handys, Telefongespräche waren sehr teuer, Briefe waren lange unterwegs – diese Zeit hatte sicherlich auch viele schwierige und einsame Stunden für unseren Sohn.

Letztendlich kam er nach einem Jahr gestärkt zurück, er hatte es geschafft, und er hatte gelernt, die Dinge zu Hause mehr zu achten und zu schätzen als zuvor. Inzwischen hat er wieder die Verbindung zu seinem Gastbruder aufgenommen.

Dieser, unser zweite Sohn traf seine Entscheidungen im Leben oft in einer immer noch unbekümmerten Art und Weise: Er gab älteren Schülern Nachhilfeunterricht in Mathematik, einer erwachsenen Frau Konversationshilfe in Englisch, lernte erst relativ spät Gitarre spielen (spielt heute in einer Band in Valencia erfolgreich als erster Gitarrist), suchte sich neben seinem Studium einen Job, bei dem er seine Arbeitszeit selbst bestimmen konnte und machte bei der Fernsehsendung „Herzblatt" auf Anfragen mit. Die Begründung: "Das hab ich noch nie gemacht! Warum also nicht!?!" Er gewann dabei sogar eine Fahrt mit einem Hubschrauber!

Warum also nicht?

Ausprobieren, was geht, sich nicht beirren lassen durch die Meinung anderer, selbst einen Weg finden, das begleitet ihn heute immer noch.

Diese Leichtigkeit auch bei schweren Entscheidungen zu bewahren, das zeichnet ihn aus und hilft auch uns immer wieder, das Leben zu bewältigen.

Es – er – ist ein Geschenk, *un regalo*, wie die Spanier sagen. Sie bezeichnen den Jüngsten in der Familie auch als *„un regalo“*!

Hanne Pluns, August 2024

Wende Dein Gesicht der Sonne zu - dann fallen alle Schatten hinter Dich

Freud' und Leid sind eng verbunden,
Licht und Schatten ebenso.
Gehören stets zu unserem Leben,
machen traurig oder froh.

Manch' Mensch sagt „Prost",
trinkt Alkohol an dunklen Schicksalstagen.
Er ist für ihn ein bitt'rer Trost,
sein Leiden zu ertragen.

Der Mensch im Schatten sieht
nicht der Sonne helles Strahlen.
Versteckt davor sein Angesicht,
versinkt in seinen Qualen.

„So komm doch, lass den Kummer ruhn,
tritt unverzagt ins Licht.
Schaust du die Sonne mutig an,
siehst du die Schatten nicht!"

Die Wärme und der helle Schein
sind Balsam für die Seele.
Sie dringen in das tiefste Tal,
dass es daran nicht fehle.

Sei frohen Mutes, geh' den Weg,
den du gewählt von allen.
Manchmal ist's ein schmaler Steg,
versuche – nicht zu fallen!

Und wenn die Sonne mal nicht scheint,
kein Grund zum mutlos sein,
die Natur nimmt ihren Lauf,
du stimmst dich darauf ein.

Die Gezeiten unseres Lebens
sind ein ewig Auf und Ab.
Doch der Mensch lebt nicht vergebens,
wenn ein Ziel er hat!

Hannelore Wolf, Februar 2024

Regine kommt nicht mehr!

Vom Küchenfenster aus kann ich sie sehen, all die „Gassige-her". Obwohl wir an einer sehr belebten Straße wohnen, gibt es im Umfeld geeignete Wege für Spaziergänger mit Mensch und Tier. Man kennt die Leute mehr oder weniger, die regelmäßig mit ihren Hunden unterwegs sind. Eine von ih-nen war Regine, etwas jünger als ich und mit einigen Diag-nosen behaftet.

Regine und ich kennen uns von früher als ich noch Schwes-ter Margrit in der Kardiologie war. Sie gehörte zu unseren Stammpatienten. Später nun trafen wir uns vor unserem Haus wieder und sie erzählte, dass sie nur ein paar Häuser weiter weg wohne. Ihren Hund, einen süßen, weißen York-shire Terrier, führe sie deshalb oft hier Gassi. Regine war ein kontaktfreudiger, aufgeschlossener Mensch. Damals, in der Praxis hatte sie stets ein Herz für uns „fleißige Mädchen", wie sie uns nannte. Manchmal holte sie schnell einen Kaffee aus der Cafeteria mit der zutreffenden Bemerkung, dass wir doch sicher noch keine Pause hatten. „Ich sehe doch was hier los ist", sagte Regine. Das sind Erinnerungen an die Patientin Frau Regine Sch..

Jetzt begegneten wir uns öfter, wenn sie mit ihrem „Bello"

unterwegs war. Immer hatten wir zumindest ein kleines Winkerchen oder Zeit für ein paar Worte miteinander. – Nett! Und mit Schwester Margrit und Frau Sch. machten wir Schluss, einigten uns bald auf Frau Regine und Frau Margrit. Das fanden wir beide in Ordnung. Einmal sprachen wir davon, dass ich doch auf einen Kaffee in ihr kleines Gärtchen kommen soll. Sie wohnte in einer Parterrewohnung mit Terrasse, die durch kleine Grünflächen erweitert und hübsch gestaltet werden können. „Ja, das machen wir, ich komme gern", stimmte ich zu. Ein Termin wurde aber nicht vereinbart. So ist der Vorsatz vage geblieben.

Die Zeit verging, die Gassigeher waren nach wie vor unterwegs. Dann, eines Tages schoss mir Regine plötzlich in den Sinn. Ich meinte sie lange nicht mehr gesehen zu haben. Aber heute werde ich aufpassen und sie ansprechen, wenn sie kommt, nahm ich mir vor. Regelrecht gewartet habe ich. Nichts –, komisch, vielleicht ist sie ja krank? Bestimmt kommt der kleine, weiße Yorkshire Terrier mit Frauchen bald wieder um die Ecke. Aber nein – Regine kam nicht. Ich vermisste sie jetzt und konnte kaum glauben, dass ich nicht früher bemerkt hatte, dass sie fehlt. So gedankenlos, auf den eigenen Alltag konzentriert zu sein, machte mich nachdenklich. Andererseits hatte ich doch keinerlei Verpflichtungen gegenüber Regine.

Dennoch, da verschwindet jemand aus meinem Gesichtsfeld und ich merke es nicht. Unaufmerksam – nein, das bin ich eigentlich nicht. Mir wurde immer deutlicher: Regine kommt nicht mehr. Trotzdem suchte ich an den Klingelschildern ihres Hauses nach ihrem Namen. Da gab es keine Frau Regine Sch. Oder sollte sie weggezogen sein? Das erschien mir eher unwahrscheinlich, zog es jedoch als letzte Möglichkeit in Erwägung. Als ich an einem der nächsten Tage am Grab meiner Eltern zu tun hatte, konnte ich den neuen Stelenhain auf unserem Friedhof sehen. „Ja, ich werde hingehen und schauen, ob ich Frau Regine Sch. finde", hörte ich meine innere Stimme sagen. Ich habe sie gefunden, schwarz auf weiß: Regine Sch., geboren, gestorben... – So lange schon!
Wie konnte ich sie so spät erst vermissen? Es waren Monate ins Land gegangen.

Ich werde nicht mehr Ausschau halten nach Dir, Regine – Ruhe in Frieden.

Margrit Prauß, Mai 2024

Ende gut? Neuanfang besser?

Wie oft stehen wir vor dieser Frage. Besonders wenn der Winter mit seien dunklen Tagen ins Land gezogen ist, erinnert man sich gerne der Vergangenheit. In gemütlicher Runde wird nicht nur das bevorstehende Silvester geplant. Oft denkt man an die verflossene Zeit. Wie war das noch vor Jahren? Das alte Jahr schlug die Türe zu und was im neuen Jahr auf uns zukam, war ja noch ungewiss.

Was war damals 1953? Es war ja schon vom Alter her ein besonderes Jahr für mich. Ich war in diesem Jahr achtzehn geworden. Zumindest in einigen Bereichen war man da volljährig. Für mich war es von besonderer Bedeutung. Ich hatte die Lehre als Damenmaßschneiderin bestanden. Die Aufnahmeprüfung an der Meisterschule für das Kunsthandwerk ebenfalls. Das war nicht einfach gewesen. Ich wohnte in der russischen Besatzungszone, die Schule war aber in Westberlin. Schon damals gab es politische Unterschiede. Praktisch war es auch recht schwierig für mich. Die meisten Bewerber waren so Ende Zwanzig. Ich, mit meinen achtzehn Jahren, war das absolute Küken. Habe zu meiner Verwunderung aber doch bestanden. So war mein Wunschberuf des Kostümbildners schon ein bisschen nähergerückt. Also war das vergangene Jahr doch gut gelaufen.

Nun stand Silvester vor der Tür. Da gerade zu Silvester manche

Fete aus dem Ruder lief, bestanden meine Eltern darauf, dass mein älterer Bruder sich meiner annahm und mich mit zu seiner Silvesterfeier mitnahm. Das konnte ja heiter werden... Wenn er sich als mein Aufpasser fühlte, war die gute Laune schon dahin. Er hatte für sich und seine Verlobte in einer Potsdamer Gaststätte einen Tisch gebucht. Na mal sehen was so wird. In der Gaststätte angekommen, sank meine Laune schon auf den Nullpunkt. Die meisten Gäste hatten die Dreißig schon überschritten und ich fühlte mich mit meinen achtzehn Jahren nicht besonders gut. Während die anderen Gäste sich ein Gläschen Wein schmecken ließen, bestellte mein Bruder uns erst einmal ein Wasser, der Abend ist ja noch lang. Na – die Kapelle war recht gut. Wenigstens die Ohren kamen auf ihre Kosten. Doch dann geschah ein mittleres Wunder. Durch den Saal kam ein junger Mann. Schätzungsweise in meiner Altersgruppe. Er forderte mich zum Tanzen auf. Ich war so verwundert und erschrocken, dass ich wohl ganz schön doof geguckt habe. Er fragte daraufhin ob ich immer so schüchtern wäre. Mir fiel keine passende Antwort ein, zumal mein Bruder nicht gerade sehr freundlich zusah, wie ich ganz rasch aufstand und zur Tanzfläche ging. Meine Güte – wo kam der denn her? Es war wohl der Einzige in meiner Altersklasse in diesem Saal. Dazu sah er auch noch gut aus. Groß, schlank, braune Augen, schwarze Haare, und tanzen konnte er auch super. Vielleicht war der Abend doch nicht so doof? Zum Tisch zurückgebracht, bat er gleich um den nächsten Tanz. Nach einer guten Stunde überwand sich dann mein Bruder, die Herren hatten sich inzwischen vorgestellt, und fragten ob sich Heinz, so hieß mein Tanzpartner, mit an unseren Tisch setzen wollte. Das tat er auch und brachte eine Flasche Wein mit. So wurde es doch noch ein recht netter Silvesterabend. Der endete dann allerdings nach Mitternacht sehr plötzlich und unschön.

Am Nachbartisch hatte der dort sitzende Mann wohl etwas zu tief ins Glas geguckt. Er zündete einen Knallfrosch und warf ihn in den Saal. Der war dann schnell leer. Von dem ausbrechenden schreien und schimpfen haben wir nicht mehr viel gehört. Heinz verabredete sich noch schnell mit mir für das kommende Wochenende. Eigentlich wollte er sich schon am Neujahrstag mit mir treffen, aber mein Vater hatte Neujahr Geburtstag und da durften wir Kinder nicht fehlen. War manchmal ganz schön schwer. Denn nicht immer wird Silvester mit Wasser und einer Flasche Wein für vier Personen gefeiert.

Für mich war dieser Silvesterabend nicht nur der Abschluss der ersten Etappe zum Berufsleben. Es war auch der Anfang zu meiner ersten Ehe. In diesen Jahren war man mit zwanzig endgültig volljährig und so haben wir, Heinz und ich, 1955 geheiratet. Es war eine wunderschöne Zeit, die aber leider auch nicht ewig dauerte.

Eva Maria Kluck, Stahnsdorf 2023

Tierischer Besuch

Das Jahr hat, mit seinen vier Jahreszeiten, viele schöne Momente. Diese beziehen sich hauptsächlich auf die Witterung, so haben wir im Winter Schnee und Kälte, im Frühling Hagel und Regen, den Sommer mit Sonne, Wärme und Hitze, der Herbst bringt Sturm und Regen.

Pflanzen und Tiere passen sich dem Klima an.

Im Winter sieht es in unserem Garten ganz schön kahl aus. Die einzigen Farbkleckse kommen von der Zaubernuss, mit ihren roten und gelben Blüten sowie vom Liebesperlenbusch mit seinen lilafarbenen Perlen. Ins Vogelhäuschen gebe ich oft trockenes Brot oder Brötchen, Nüsse oder Sonnenblumenkerne. Eigentlich ist das für die Spatzen und Meisen gedacht, aber die großen Krähen, Raben und Elstern hängen sich mit ihren Krallen an den Rand oder versuchen es kopfüber vom Dach aus, an das Futter zu kommen. Manchmal mach ich ganz schnell die Terrassentür auf und der Schwarm von schwarzen Vögeln, begibt sich gen Himmel. Weit fliegen sie nicht. Entweder setzen sie sich auf den Zaum zum Nachbarn, auf das Garagendach oder beim Nachbarn auf das Schuppendach. Sie warten bis ich weg bin und versuchen es erneut. Da kann man mal sehen, wie schlau doch diese Vögel sind. Ein braunes Eichhörnchen flitzte auch manchmal im Vorgarten hin und her klettert auf die Bäume, sprang von Ast zu Ast und landete manchmal auf der oberen Terrasse. Man hörte im Wohnzimmer die kleinen schnellen Schritte vom Eichhörnchen, wenn es von einer Ecke zur anderen rannte.

Dieses Jahr im Frühling hatten wir uns überlegt, einmal eine kunterbunte Blumenwiese im Garten bzw. an verschiedenen Stellen anzulegen. Wir kauften uns Blumensamen mit dem Hinweis „Für Bienen und Schmetterlinge geeignet". Aussaat April bis Juni.

Ostern war dieses Jahr Ende März und die Magnolie stand schon in voller Blüte. Anfang April blühte dieses Jahr sogar schon die Sumpfdotterblume an unserem kleinen Teich. Es machte schon richtig Spaß, durch den Garten zu gehen. Ein bisschen verwundert war ich, als ich mir unseren Teich ansah. Er sah aufgewühlt aus, wenn das die richtige Beschreibung ist. Eines Abends glaubte ich meinen Augen kaum. Da watschelte doch eine Ente die Terrasse herauf. Schön anzusehen, grünes Gefieder am Hals mit einem weißen Ring darum und auslaufend zum Bauch mit braunen Federn.

Leise machte ich die Tür auf und ging hinaus. Die Ente stand jetzt auf halber Höhe des Weges und schaute auf den Teich. Ich ging leise auf die linke Seite vom Teich und sah, dass darin eine weitere Ente badete. Eine braun gefiederte Ente, das war das Weibchen und der bunte Erpel der Mann dazu, der wohl erst aufpasste und sich dann dazu gesellte. Nach ihrem Bad gingen sie noch ein paar Runden durch den Garten und flogen dann davon. Diese Begebenheit wiederholte sich noch drei bis vier Mal, immer in den Abendstunden, dann haben wir sie nicht mehr gesehen. Eine Freundin fragte mich, ob die ein Nest bei uns hätten, ihr Gartennachbar hat ein Entenei gefunden. Hatten sie aber nicht.

Mit der Zeit fingen auch langsam unsere Sommerwiesen an zu blühen. Durch den Garten streiften neuerdings auch zwei Katzen. Die eine war uns schon bekannt, da diese immer über unsere Terrasse zum Nachbargrundstück hinüber lief. Die andere machte es sich oft auf dem Komposthaufen gemütlich. Ein Fuchs schaute dann auch mal vorbei.

Der Sommer brachte mit der Wärme und dem Sonnenschein Bienen, Wespen, Hummeln und Schmetterlinge in den Garten. Es war schön mit anzusehen, wie die Bienen in die Blüten hinein krochen und nur noch das Hinterteil zu sehen war. Über dem Teich flogen kleine blaue und rote Libellen. Später flog auch eine große Libelle durch den Garten, die sich regelmäßig auf der Terrasse unter dem Dach verflog.

Natürlich muss auch der Garten vom Unkraut befreit werden und so hatte mein Mann immer etwas zu tun. An einem Samstagnachmittag, er war gerade beim Rosenbeet, hörte ich ihn aufgeregt „Ellen, Ellen komm mal" rufen. Neben ihm stand eine Schildkröte, gar nicht mal so klein, und schaute ihn an. Er stand auf und sie lief weiter, auch gar nicht mal so langsam. Was nun? Was tun? Die kann ja nur von irgendeinem Nachbarn sein. Aber wohin mit ihr? Wir haben auf unsere Terrasse eine kleine Eckbadewanne, Marke

Eigenbau, die gerade nicht mit Wasser befüllt war. Mit Handschuhen setzte mein Mann die Schildkröte, die gleich den Namen „Schildi" bekam, dort hinein. Eine Schale mit Wasser und ein paar Blätter Eisbergsalat und Löwenzahn legen wir mit hinein. Ich machte mich jetzt auf den Weg um die Nachbarn zu befragen, wer denn eine Schildkröte vermisst. Ich lief ums Karree, keiner vermisste eine Schildkröte oder es war niemand zu Hause. Mein Mann erinnerte sich, dass schon einmal, vor ein, zwei Jahren jemand eine Schildkröte gesucht hatte. Aber wer das war und wo der wohnte, wussten wir nicht. Ich rief die Tierrettung an. Keiner da. Ich schrieb eine WhatsApp mit allen Angaben. Dann rief ich beim Ordnungsamt an und schilderte die Situation. Der Mitarbeiter nahm meine Adresse auf und sagte, dass sobald wie möglich ein Mitarbeiter vorbei kommt, kann aber dauern da in der Stadt viel los ist. Wir hatten immer ein Auge auf Schildi, aber sie konnte nicht entkommen. Nach zirka eineinhalb Stunden, kam dann das Ordnungsamt. Die erste Frage war, ob wir die Schildkröte angefasst haben, denn es könnte ja eine Schnappschildkröte sein. Nur mit Handschuhen, haben wir geantwortet. Die Herren waren überrascht über die Größe. Es war eine griechische Landschildkröte. Ein Protokoll wurde angefertigt, Schildi in den Käfig gesetzt und dann ging es ab, in Richtung Tierheim. Gut eine halbe Stunde später klingelte es an unserer Haustür und ein Mann mit seiner kleinen Tochter fragte nach einer Schildkröte. Ich erzählte ihm alles und er sollte sich an das Ordnungsamt wenden. Er bedankte sich und ging nach Hause. Sonntagabend klingelte es wieder an unserer Haustür und der Mann stand wieder vor der Tür. Er bedankte sich, mit einer Flasche Eiswein, recht herzlich und sagte das die Schildkröte wieder in ihrem Gehege ist, dass jetzt aufgestockt wird.

Ein aufregendes Wochenende ging zu Ende. Die Tierrettung hatte sich dann am Montag bei mir gemeldet und ich konnte von dem Ausgang berichten.

Der Herbst stand vor der Tür und es gab mal Regen und Sonnenschein. Das Eichhörnchen war wieder da. An einem Samstagmorgen beobachtete ich es, wie es im Vorgarten aufgeregt hin und her rannte. Ich hatte noch Haselnüsse vom Vorjahr, holte ein Hand voller Nüsse und warf diese in die Richtung des Baumes, auf dem das Eichhörnchen saß. Ich ging zurück ins Bad und stellte mich ans Fenster. Nun pirschte sich das Eichhörnchen langsam den Baum hinunter, schnüffelte den Gartenboden ab und fand die erste Nuss. Schnell mit der Beute auf den Baum. Wohin damit? Wieder runter. Jetzt ging es in den Nachbargarten. Ich konnte nichts mehr sehen. Da, da ist es wieder. Die nächste Nuss, ab über die Straße, auf dem Spielplatz, hinter einem Baum wurde die Nuss vergraben. Es war so interessant wie flink das Tier die Nüsse überall verteilt und vergraben hatte. Unter anderem wurden in unserem Vorgarten vier vergraben und auch noch beim Nachbarn über die Straße, hinter dem Spielplatz, gab es ein Versteck.

Hoffentlich findet es die alle wieder. Da ich noch genug Nüsse übrig hatte, habe ich an den Wochenenden immer welche Richtung Baum geworfen. Mittags waren die immer alle weg. Vieleicht waren es ja auch wieder die Raben oder Krähen.

Wir hatten auch einen Buntspecht im Garten, der sich an dem alten Stamm unseres Birnenbaums vergnügte. Dieser erinnerte uns an einen Specht, der ein bisschen verwirrt war, denn an statt an einem Baum zu klopfen, klopfte er mit Vergnügen auf die Straßenlaterne. Das war immer ein komisches Geräusch, blechern mit Echo. Wir haben dann immer gesagt: „Der bekloppte Specht ist wieder da".

So gab es noch viele kleine Tiere in unserem Garten, zum Beispiel nach einem Regen viele Schnecken mit ganz kleinen Gehäusen bis zu Nacktschnecken.

Mal sehen, welche Tiere uns im nächsten Jahr besuchen.

Ellen Wutschik, November 2024

Kurztrip ins Krankenhaus

September 2024. „Das Ergebnis der MRT-Untersuchung erfordert eine zeitnahe Operation (OP), der Sie zustimmen sollten", hörte ich meine Hausärztin mit ernster Miene sagen. ‚Oh nein', dachte ich, ‚geht das „Schnippeln" jetzt los?' Unweigerlich dachte ich an meine Eltern, die nur etwas über 70 Jahre alt wurden, bei ihnen fing es auch so an – kurze Zeit später waren sie tot. Ist das in meinen Genen ebenfalls so vorgesehen? „Es ist ein kleiner Eingriff, für den Sie nur wenige Tage ins Krankenhaus gehen. Danach wird sich Ihre Lebensqualität deutlich verbessern", führte sie weiter aus. Sofort stand die Frage im Raum: „Wo und bei welchem Arzt soll der Eingriff vorgenommen werden?" Mein Zutrauen zu dem nächstgelegenen Berliner Krankenhaus war sehr gering, eigentlich gar nicht vorhanden. Meine Ärztin aber sagte: „Dieses Krankenhaus ist vielleicht nicht für alles gut, aber in Ihrem Fall wohl das Beste." Ich schaute sie ungläubig an, doch sie hatte gute Argumente dafür, sodass ich einwilligte. Sie selbst kümmerte sich darum, dass ich zügig bei einem dortigen Facharzt einen Vorstellungstermin bekam, aus dem ich ganz optimistisch herausgegangen bin. Ich dachte, dass sie vielleicht doch recht haben könnte. Ich fühlte mich gut aufgenommen, erhielt auf alle meine Fragen Antworten, auch die Information, dass er mich operieren würde.

Aufgrund persönlicher Termine und verschiedener Umstände musste ich meinen OP-Termin auf die zweite Oktoberdekade verschieben. Je näher er kam, umso unruhiger wurde ich. Gefühlt „gesund" und schlecht geschlafen, ging ich - äußerlich ruhig und innerlich aufgewühlt - zur Operation, die an einem Montag früh um 7 Uhr angesetzt war. Eine kleine, ältere Dame nahm mich in Empfang. Mit Bestimmtheit wies sie mir den Umkleideraum zu: „Alles ausziehen und die OP-Kleidung anziehen" - sie zeigte auf die Liege - „alle Sachen in einen Beutel legen. Ich komme gleich zurück." Es klang wie eine Drohung. Ich muss nun nicht ausführen, wie man in der OP-Kleidung - Nachthemd hinten offen und grüne OP-Haube auf dem Kopf - aussieht, geschweige denn, wie man sich darin fühlt - hilflos! Kurze Zeit später übergab ich ihr meine Sachen. Nun reichte sie mir einen Stift mit den Worten: „Machen Sie mal ein Kreuz auf die Stelle, die operiert werden soll!" Ich war leicht irritiert: „Übernehme ich nun die Verantwortung, dass die OP an der richtigen Stelle durchgeführt wird?" „Nein, aber Sie müssen doch wissen, was wo gemacht werden soll", sagte sie streng. „Natürlich!" erwiderte ich leise und machte etwas verunsichert ein kleines Kreuz Mitten auf meinen Oberkörper. Sie entschied daraufhin, das Bändchen mit meinem Namen an den linken Arm festzumachen. „Warum links?" fragte ich. „Das Band kommt immer an die gegenüberliegende Seite", war die knappe Antwort, die auch keine weitere Frage mehr zuließ, da ich unverzüglich für die OP vorbereitet wurde. Ein sehr junger Anästhesist, dessen Handhabe genau von einer erfahrenen OP-Schwester beobachtet wurde, legte mir eine Flexüle auf den linken Handrücken. Ich hörte sie laut tönen: „Das Rückschlagventil nicht vergessen!" ‚Das fängt ja gut an', dachte ich und war beruhigt, dass ich im OP auf meinen Arzt treffen werde, der die Voruntersuchung durchgeführt hatte. Ich hatte ein gutes Gefühl.

Irgendwann, kurz vor dem Mittagessen, entstand Unruhe im Zimmer, ich kam langsam zu mir. Eine Frau stand an meinem Bett und erkundigte sich, was ich zum Mittag essen wolle. Ich war noch nicht ganz beieinander, erinnerte mich aber, dass der Arzt im Vorbereitungsgespräch sagte, dass ich Vollkost nach der OP essen könnte. So war meine logische Antwort: „Vollkost!" Sie faselte etwas von „Linseneintopf oder Königsberger Klopse?" Ich sagte: „Klopse". Es dauerte nicht lange, da stand eine weitere Person an meinem Bett, die ganz entschieden sagte: "Sie können heute keine Klopse essen, heute Mittag gibt es für Sie nur Wasser." Ich nickte und wollte nur meine Ruhe haben, nicht einmal Wasser. Mich störte die an der linken Hand angelegte Flexüle, ich eckte überall damit an. Jetzt stellte ich auch fest, dass mir noch eine weitere auf dem rechten Handrücken angelegt wurde. ‚Warum das denn?', fragte ich mich. Dies wollte ich gern meinen Arzt fragen.

Gegen 14 Uhr wurde ein weiteres Bett ins Zimmer hineingeschoben. Darin eine Frau, die unter sehr starken Schmerzen litt und die morphinhaltige Medizin verabreicht bekam. Bei ihr sollte zeitnah eine Darmspiegelung durchgeführt werden. Zu diesem Zwecke waren zwei Schwestern damit beschäftigt, ihren Darm mit einem langen Schlauch zu entleeren – das alles unmittelbar neben meinem Bett – ich war darüber mehr als entsetzt. ‚Gibt es denn für solche Untersuchungen auf dieser Station kein separates Behandlungszimmer?‘, dachte ich und drehte mich weg. Bei mir ließ langsam die Wirkung der Medikamente nach, die mir zur OP verabreicht wurden. Ich spürte meinen Körper und den stärker werdenden Wundschmerz sowie Schmerzen im Bereich der Rippen. Ich konnte nicht gut durchatmen, nicht husten, lachen oder niesen. Ein Blick zum Nachttisch verriet, dass gegen die Schmerzen Vorsorge getroffen wurde und ich nur zugreifen musste. Hier stand ein Näpfchen mit verschiedenen Schmerztabletten, vier an der Zahl, eine davon war noch eingepackt, ich kannte keine davon. Diese Fülle verunsicherte mich, „welche Tablette hilft wofür?", fragte ich mich. (Ich muss kurz erläuternd einfügen, dass ich grundsätzlich bei Tabletteneinnahmen sehr vorsichtig bin, da ich eine Krankheit von meinen Eltern vererbt bekommen habe, durch die meine roten Blutkörperchen 3mal schneller abgebaut werden als bei einem „normal gesunden" Menschen). Jede Tablette kann also dazu führen, dass dieser Prozess noch schneller abläuft und mich somit in eine sehr missliche Lage versetzen kann. So erklärt sich meine Vorsicht, Sorge und Angst.

Als ich so sinnierte, trat eine junge Frau ins Zimmer. Sie stellte sich als meine Operateurin vor. Ich war überrascht – nein: eher enttäuscht. Ich fragte sie: „Welche Tabletten kann ich von diesem Mix nehmen?" „Sie können nach Bedarf alle nehmen", war ihre Antwort. „Aber, ich hatte doch angegeben, dass ich das nicht kann", gab ich entschlossen zur Antwort. Ich erläuterte ihr noch einmal die Situation, die ich bereits in der Anamnese beschrieben hatte. Sie versprach Rücksprache mit anderen Ärzten zu nehmen. Sie ging und kam etwa eine Stunde später mit der Auskunft zurück, dass ich bedenkenlos diese Tabletten einnehmen könne. Ich war sehr verunsichert und fragte in meinem familiären Umfeld, in dem es auch medizinische Fachkompetenz gibt, nach, ob diese Auskunft korrekt sei. Ich erhielt die Antwort, dass die mir gereichten Tabletten sehr starke Schmerztabletten seien, die durchaus die roten Blutkörperchen dezimieren können. Zudem müsste zu den Tabletten vorweg einmal pro Tag eine magenschonende Tablette eingenommen werden. Sie befand sich zwar auch im Mix, doch hätte ich sie als solche nicht erkannt. Weiterhin befand sich darin auch eine opiathaltige Tablette, die nur bei sehr starken Schmerzen eingenommen werden sollte. Im Krankenhaus wurde ich über die Wirkung der gereichten Tabletten nicht aufgeklärt. Ich war damit völlig überfordert, mit der Folge, dass ich mich nicht traute, überhaupt eine Schmerztablette zur Nacht einzunehmen. Die Schmerzen in der Nacht waren kaum auszuhalten. Sie brachten mich um den Schlaf. Nebenbei hörte ich meine Nachbarin vor Schmerzen stöhnen. Sie tat mir sehr leid. Eine Darmspiegelung wurde bei ihr noch nicht durchgeführt, das passiert vielleicht gleich am nächsten Tag.

Am zweiten Tag, morgens um 7 Uhr, wurde die Tür für die Visite, die die Chefärztin durchführte, aufgerissen. Ich beklagte mich, dass ich keine Aufklärung zum bereitgestellten Medikamenten-Mix bekam und deswegen schlecht geschlafen habe. Die Chefärztin rügte mich und sagte: „Daran sind Sie selbst schuld, wir haben Ihnen mitgeteilt, dass Sie die Medikamente einnehmen können." - „Und warum habe ich immer noch die Flexülen an den Händen - warum eigentlich zwei? Welche Funktionen haben die?", fragte ich weiter. „Die zweite Flexüle war bei der OP nur eine Vorsichtsmaßnahme", bekam ich zur Antwort. ‚Vorsichtsmaßnahme' hämmerte es in meinem Kopf - ich war am Ende meiner Kraft und stellte keine weitere Frage. Meine Zimmernachbarin bekam mitgeteilt, dass sie keine Darmspiegelung bekommen wird, da es dafür im Haus keinen zeitnahen Termin gebe. Deswegen soll sie zeitnah entlassen werden, zur Hausärztin gehen und eine ambulante Darmspiegelung aufsuchen und darüber hinaus weitere Fachärzte kontaktieren, um ihre Schmerzen abzuklären. Meine Zimmernachbarin verstand die Welt nicht mehr. Sie weinte und bat um Hilfe, die ein Krankenhaus doch geben kann. Wenn man eine solche Situation hautnah miterlebt, fühlt man sich emotional betroffen und denkt unweigerlich: ‚Das gibt's doch nicht – das kann doch nicht wahr sein!' Sie verließ daraufhin umgehend das Krankenhaus. Am Vormittag kam eine Assistenzärztin und befreite mich endlich von beiden Flexülen. Nach dem Grund der „Vorsichtsmaßnahme" habe ich nicht mehr gefragt.

Ich war nicht lange allein im Zimmer. Nach wenigen Stunden schon kam eine neue, frischoperierte Dame ins Zimmer. Es war eine Ausländerin, die weder deutsch noch englisch sprach, wohl aber etwas deutsch verstand. Die Ärzte und das Pflegepersonal hatten damit ihre Not. Kurze Zeit später ging die Tür auf und sie bekam Besuch von ihrer Familie, ihrem Ehemann mit vier Kindern im Alter von 3 bis 12 Jahren. Die Kinder waren sehr lebhaft und neugierig. Sie rannten durchs Zimmer, ins Bad, schauten in die Schränke, sodass ich mich unwohl fühlte. Es gab für sie kein „Stopp". Ich wollte auch keine Spielverderberin sein, wusste ich doch, dass ich am nächsten Tag nach Hause darf.

Als der Besuch fort war, schlief sie ein. Es dauerte nicht lange, da hörte ich das Geräusch einer Schlagbohrmaschine im Nachbarzimmer – ich war genervt und schaute Hilfe suchend zu meiner Bettnachbarin. Hier erst erkannte ich, dass sie es war, die dieses Geräusch verursachte. Ich fiel leicht stöhnend zurück ins Kopfkissen. An diesem Abend nahm ich alle

Tabletten, die ich bekommen konnte, sodass ich einigermaßen durchschlafen konnte.

Am dritten Tag, gleiches Prozedere um 7 Uhr. Im Gegensatz zum Vortag: Chefvisite mit einem großen Gefolge. Natürlich kam die gleiche Frage, „ob alles in Ordnung und ich zufrieden sei?" Gern hätte ich „Ja" gesagt, um meine Ruhe zu haben, doch das hätte ich mir nicht verziehen. Ich erzählte über meine Unzufriedenheit, machte auf den Umstand aufmerksam, dass ich starke Schmerzen hatte und mir auch nicht klar war, warum Morphin verabreicht wird, ohne darauf hinzuweisen. „Zudem weiß ich immer noch nicht, welche Wirkung die Tabletten auf mein Blutbild hätten." Der Chefarzt wies darauf hin, dass er ausdrücklich angewiesen habe, dass die Gabe von Tabletten freizügig erfolgen soll, damit kein Patient nach der Operation Schmerzen erleiden muss. Ich fand diese Antwort nicht schlüssig, eher fahrlässig.

Am Vormittag war noch mein abschließendes Arztgespräch, in dem mir mitgeteilt wurde, dass ich mit dem OP-Fortschritt zufrieden sein könne, obwohl die letzte Sonographie-Untersuchung einen Perikarderguss (Flüssigkeit im Herzbeutel) ergab. Mit diesem Ergebnis und meinen nicht aufhörenden Schmerzen sowie Luftbeschwerden ging ich als „Wrack" nach Hause. Ich fühlte mich ohnmächtig, wusste nicht, wie es weitergehen wird, zumal der histologische Befund noch ausstand. Der Weg führte mich schnurstracks zu meiner Hausärztin, die mich beruhigte und vorschlug, mich zunächst zu Hause zu entspannen, da das Immunsystem sich erst einmal erholen muss. Ich hätte nicht gedacht, dass sie recht haben sollte, jetzt – mehr als 14 Tage nach der OP – kommen alte Energien langsam wieder zurück. Der Befund ist immer noch nicht da – ist das ein gutes Zeichen?

Fazit: Ich war nur drei Tage im Krankenhaus, anstatt zu genesen, wurde ich jeden Tag kranker. Das lag daran, dass ich wie eine Nummer „abgearbeitet" wurde, ohne Rücksicht auf meine Bedürfnisse. Es entstand keine emotionale Verbindung zu den Ärzten und dem Pflegepersonal. Wie konnte ich mich sicher und aufgehoben fühlen, wenn ich auf meine Fragen keine zufriedenstellenden Antworten bekomme? Ich habe es nur durch den Halt in meiner Familie und dem hier vorhandenen medizinischen Wissen sowie durch die gezielte Zuwendung meiner Hausärztin geschafft, die Genesung in den Griff zu bekommen. Ich weiß gar nicht, ob die mich behandelnden Ärzte selbst gern Patienten im eigenen Krankenhaus sein wollten?!

Christiane Eisold, Oktober 2024

Die Autoren:

Eva Maria Kluck (Jahrgang 1935)
Geboren in Berlin, von 1936 bis 1997 in
Kleinmachnow gelebt, danach in Stahnsdorf.

Berufe: Maßschneiderin und Wirtschaftskauffrau Sie war als
Angestellte im Rat der Gemeinde Kleinmachnow, in der Land-
wirtschaftsbank in Potsdam und von 1975 bis 2000 im Gesund-
heitswesen (Geschäftsleitung, ab 1997 Leiterin des Senioren-
büros AVUS) in Teltow tätig.

Hobbys: Aus dem Leben schreiben: Anekdoten, bissige
Leserbriefe, Glossen und Familiengeschichte, ehrenamtliche
Tätigkeit in Selbsthilfegruppen.

Margrit Prauß (Jahrgang 1947)
ist in Sachsen geboren und aufgewachsen.

Beruf: Krankenschwester, Ausbildung med. Fachschule Hu-
bertusburg Wermsdorf.
Seit 1969 wohnt sie in Teltow, hat 2 Töchter und
4 zauberhafte Enkelkinder. Sie liebte immer schon „Deutsch"
in der Schule, schrieb gerne Aufsätze, später Briefe. Gedan-
ken, Erinnerungen und Erfahrungen aus ihrem Leben zu for-

mulieren macht ihr viel Freude und sie gibt diese gern weiter.

Hannelore Wolf (Jahrgang 1944)

geboren in Westpreußen, nach der Flucht aus Danzig in Mecklenburg aufgewachsen, Ausbildung zur Kindergärtnerin im Schweriner Schloß. Umzug 1963 nach Leipzig, Heirat und Umzug 1967 nach Teltow.

Tätig als Kindergärtnerin, Wechsel in die GRW-Bibliothek, nach der Wende als Sachbearbeiterin im Sozialamt Teltow, seit 2009 Rentnerin.
Sie ist verheiratet, hat 3 Kinder und 4 Enkelkinder.

Hobbys: Singen im Chor, Mitglied einer Sportgruppe, Reisen und Tanzen, Verfassen von Versen zu bestimmten Anlässen sowie spontanes Schreiben kleiner Gedichte!

Evelyn Barucker (1949 in Potsdam geboren)

Sie lebt seit 1953 in Kleinmachnow und seit 1971 in Teltow. Sie vermisst die ungeschriebenen Geschichten ihrer Eltern und Großeltern und möchte deshalb einige Erlebnisse für ihre Kinder und Enkelkinder erhalten.

Ellen Wutschik (Jahrgang 1964)

Geboren in Potsdam-Babelsberg

Christiane Eisold (Jahrgang 1953)

Sie ist in Mecklenburg-Vorpommern geboren und aufgewachsen. Sie hat in Dresden studiert, war viele Jahre in der Forschung und ebenso viele Jahre in der Forschungsorganisation tätig. Seit 1976 wohnt sie in Teltow. Christiane Eisold ist verheiratet und hat zwei erwachsene Kinder und drei Enkelkinder.

Schon in der Schulzeit liebte sie das Fach Deutsch, schrieb gern Aufsätze und bis heute liebt sie Kurzgeschichten.

Mit Eintritt in den Ruhestand denkt sie stärker über die Familiengeschichte nach und findet Begebenheiten, die es wert sind, nicht vergessen zu werden.

Hanne Pluns (Jahrgang 1943)

Geboren in Wriezen / Oderbruch
Mit 10 Jahren aus der DDR mir ihren Eltern geflohen
2 Jahre Aufenthalt in Flüchtlingslagern
Abitur in Hildesheim
Sozialarbeit in Hannover studiert, dort ihren Mann kennengelernt
25 Jahre Leiterin einer Eingangsstufe in einer Grund- Sonderschule in Berlin
Ausbildung zur Gestaltpädagogin an der TU Berlin
Nach der Wende in ihre Heimat zurückgekehrt, dort als frei-

schaffende Künstlerin gelebt

2018 mit ihrem Mann nach Teltow gezogen; hat 2 erwachsene Söhne und 3 Enkel/innen

Interessen: Kreatives Arbeiten, liebt Kontakt mit anderen Menschen, ist immer auf der Suche nach neuen Anregungen.

Carmen Sabernak (Jahrgang 1958)

Die „Geschichtensammlerin" – Schreibt am liebsten
mit Blick auf das Meer oder auf ihrer Rosenbank
im Familiengarten.

Bisher erschienen

Aus der Reihe „Perlen unserer Erinnerung" sind bereits (im BoD Verlag zum Preis von 5,00 Euro) erschienen:

2013
„Hannas Weihnachtsengel" - ISBN: 9783732280414
„Begegnungen im Leben" - ISBN: 9783732280889

2015
„Verlust und Wiederfinden" - ISBN: 9783734745812
„Elli" – ISBN: 9783734769276
„Mein Berlin - Mitten mang und Dichte bei" - ISBN: 9783738613599
„Am Wege blüht Vergissmeinnicht" - ISBN: 9783738629262
„Singen und Wandern - das ist unser Leben" ISBN: 9783738659931

2016
„Jahreswende - von Anfang bis Ende" - ISBN: 9783741276798

2017
„Sehnsucht, Glück und Bäume" - ISBN: 9783848257195

2018
„Täuscht der schöne Schein?" - ISBN: 9783748111948
„Winterperlen" - ISBN: 9783748101093

2019
„Sommer-Zeit-Reise" - ISBN: 9783748146964
„Geflüster bei Kerzenschein" - ISBN: 9783750401877

2020
„Meine Heimat Kleinmachnow" - ISBN: 9783751930772
„Meine - Deine - unsere Schulzeit" - ISBN: 9783751950497
„Durch das Jahr" - ISBN: 9783752672176
„Winterzeit" - ISBN: 9783752672169
„Mystische Geschichten" - ISBN: 9783752672190

2021 „Liebesbriefe" - ISBN: 9783755741084

„Alte Schätze" - ISBN: 9783755741275

„Gesammlte Perlen 2021" - ISBN: 9783755741244

„Wege" - ISBN: 9783756833474

2022 „Federn, Flossen, weiches Fell" - ISBN: 9783756859818

"Missgeschicke" - ISBN: 9783756888672

2023 „Modisches Allerei" - ISBN: 9783757806903

„Alltagshelfer" - ISBN: 9783756862726

"10-jähriges Perlen-Jubiläum" - ISBN: 9783757891718

„Familiengeschichten" - ISBN: 9783758314872

„Jahresperlen" - ISBN: 9783758314476

2024 „Erinnerst du dich? - 35 Jahre Mauerfall" - ISBN: 9783759783875